要素投资

Your Complete Guide to Factor-Based Investing

完全指南

精明的投资者在做什么？

The Way Smart Money Invests Today

（美）安德鲁·L.贝尔金　　拉里·E.斯韦德罗　著

李玮　译

江苏人民出版社

图书在版编目（ＣＩＰ）数据

要素投资完全指南：精明的投资者在做什么？ /
（美）安德鲁·L.贝尔金,（美）拉里·E.斯韦德罗著；
李玮译 .-- 南京：江苏人民出版社 ,2018.8
书名原文 :Your Complete Guide to Factor-Based
Investing: The Way Smart Money Invests Today
ISBN978-7-214-19391-9

Ⅰ.①要… Ⅱ.①安…②拉…③李… Ⅲ.①私人投
资—基本知识Ⅳ.① F830.59

中国版本图书馆 CIP 数据核字 (2017) 第 234914 号

江苏省版权局著作权合同登记 图字：10-2017-547 号

书　　　名　要素投资完全指南：精明的投资者在做什么？

著　　　者　（美）安德鲁·L.贝尔金，拉里·E.斯韦德罗
译　　　者　李　玮
责任编辑　曾　偲
责任校对　王翔宇
责任监制　王列丹
出版发行　江苏人民出版社
装帧设计　许文菲
出版社地址　南京市湖南路 1 号 A 楼，邮编：210009
出版社网址　http://www.jspph.com
照　　　排　江苏凤凰制版有限公司
印　　　刷　南京新世纪联盟印务有限公司
开　　　本　718毫米×1000毫米　1 / 16
印　　　张　17.75　插页 4
字　　　数　219千字
版　　　次　2018年8月第1版　2018年8月第1次印刷
书　　　号　ISBN 978-7-214-19391-9
定　　　价　68.00元（精）

伯顿·马尔基尔，《漫步华尔街》作者：

本书提供了你需要了解的关于要素投资一切信息。作者精彩地总结了学术界和投资实践者的所有相关研究。虽然有关要素投资业内仍存在争议：相对于广泛撒网、市值加权、低成本的指数投资，要素投资能否被认为是（税后）更聪明的投资策略，不过，所有精明的投资者都应当理解这种不同策略的逻辑。

威廉·雷切斯坦博士，贝勒大学汉卡盟商学院投资管理系系主任：

贝尔金和斯韦德罗实现了全垒打！尽管我本人是博士学位获得者、注册金融分析师，也是180多篇论文和数本书的作者，然而在阅读投资类书时很少能学到有用的东西。但本书是个例外。本书总结了对7种要素的研究，这些要素符合5项严格标准，即持续性、普适性、稳健性、可投资性和逻辑可解释性。这些标准有力地表明，这些要素能稳定提升投资组合的长期回报率。贝尔金和斯韦德罗，解释了我们应当如何使用这些要素，以便提高投资组合的预期回报，或是在给定预期回报的情况下降低风险。本书可以让我成为更优秀的投资者和老师。

哈罗德·埃文斯基，埃文斯基和卡茨/福尔兹金融财富管理公司主席：

精彩至极！除了对市场要素展开熟练的综合性讨论外，贝尔金和斯韦德罗还提供了具体信息，指导实践者如何操作资产配置。实际上，这就是沃伦·巴菲特的秘诀。本书可以帮助你优化投资行为，因此，请不要错过这本书！

简恩·布莱恩特·奎因，《如何让你的资金持久》作者：

本书适合希望深入了解资产配置过程中最新技术思维的投资者。如果你是专业人士或投资爱好者，那么，本书提供了关于风险评估、平衡投资从而实现最佳长期回报的最新研究。

埃德·塔尔，杜克大学经济学教授：

关于如何明智地投资共同基金，贝尔金和斯韦德罗带我们领略了最新的实践性研究。他们介绍了什么样的策略有效，什么样的策略无效，并解释了其中的原因。我和学生都很喜欢斯韦德罗的作品。本书带领我们上升到新的高度。

约翰·A.哈斯勒姆，马里兰大学罗伯特·史密斯商学院金融学荣誉教授：

欢迎来到"要素工厂"的投资世界。在这所工厂里，我们识别了许多资产的属性，可以用于优化分散投资组合的风险回报率。贝尔金和斯韦德罗提供的研究和证据表明，适度分散的投资组合只有8个秘诀。我强烈推荐这本书。

A·苏布拉曼扬·戈丁和埃尔文·赫尔什，加州大学洛杉矶分校金融学杰出教授：

通常，金融专家和金融专业学生会面对各种各样的投资策略，这些策略都声称可以带来良好的 α。贝尔金和斯韦德罗首次明确指出，什么样的策略最有意义，以及应当如何配置这些策略。如果金融顾问和学生希望更好地理解投资组合如何获得额外回报，那么本书提供了极具价值的工具。

罗宾·帕维尔，"基于证据的投资者博客"创始人：

本书的价值以及其与绝大部分投资类图书的不同，在于其结论完全基于经过同行评审的独立证据。强烈推荐本书。

亚当·巴特勒，ReSolve资产管理公司首席执行官：

贝尔金和斯韦德罗用创新性框架去评估市场上盈利能力最强劲的异常，给所有投资者提供了可参考的路线图，帮助他们获得好于市场平均水平的投资业绩。我将在未来几年中参考这本书。

比尔·舒尔西斯，《咖啡馆投资者》作者：

这一深入研究，能帮你更好地洞察自己的投资决策。目前，所有主要资产类别的预期回报率都接近历史最低点，因此，对于提高投资组合的回报率、达成财务目标而言，理解市场要素乃是必要之举。贝尔金和斯韦德罗给当下的投资者提供了一本必读之书。

弗兰克·阿姆斯特朗，投资者解决方案公司总裁及创始人：

　　这本旋风般的杰作，深入介绍了当代金融学的前沿领域。同时，这也是一本要素投资的综合指南，告诉我们什么是要素并分析哪些要素最有用。最后你将看到，如何通过基于要素的分散投资策略来提升回报率、降低风险，以及谨慎的投资者如何利用要素去优化投资组合。本书提供了彻底的研究和清晰的表述。高度推荐。

拉里需要感谢白金汉投资和BAM联盟的同事给予的支持和鼓励，此外还要特别感谢丹·坎贝尔、西恩·格罗夫和凯文·格罗根在数据方面的协助。尤其需要指出，西恩提供了附录I中的分析结果。拉里还要感谢AQR资本的马克·麦克宁南协助提供所有的原始素材。拉里还希望感谢德明信基金管理公司的研究员过去多年的帮助和支持，尤其是吉姆·戴维斯、马莲娜·李和韦斯顿·威林顿。他还要特别感谢一生所爱的妻子莫娜。在拉里坐在计算机前写稿的许多个周末，以及通宵达旦的夜晚，她给予拉里巨大的勇气和理解。她永远都能带来拉里所需的支持。与她共度的人生是非常精彩的体验。

安迪想要感谢他在桥路资本管理公司的同事。他们对于本书，以及他的职业和个人生活给予了热切的支持。安迪还要感谢自己的家人，尤其是妻子乔伊和儿子埃文，感谢他们给予的鼓励和理解。

拉里和安迪还要向尼克·勒丁给予的编辑协助，以及莱斯利·加里森给予的制作协助表示深深的谢意。我们还要感谢AQR资本的洛宁·伊斯莱尔和安迪·伊尔马宁、耶鲁大学金融学教授托比亚斯·莫斯科维茨、杜克大学经济学教授埃德·塔尔，以及ReSolve的亚当·巴特勒。他们评审了本书的内容，给予了颇有裨益的建议。在这里，我们还要作出常规声明，即所有尚未发现的谬误都是我们自己的问题。最后，我们需要对克里夫·阿斯尼斯表示感谢。他为本书英文版作序，同时给予了令我们受益匪浅的建议。克里夫的聪明才智远远不止于对市场运作方式理解的贡献。

此外，我们还要感谢国泰基金对将本书引入中国所做的努力。

东临碣石，以观沧海。

资本市场之势，浩浩汤汤。弱水三千，取之各有其道。2018 年，正值中国基金业成立 20 周年，国泰基金作为国内第一家规范成立的基金管理公司，有幸见证公募基金行业从起步发展到超过 12 万亿元资产管理规模（截至 2018 年 6 月 30 日），感慨颇多。

公募基金 20 年的发展，可以说是改变了国内资本市场散户为主、炒作为主的投资氛围，成为市场上机构化投资、价值型投资的领军力量。不同于散户市场的炒作成风，机构力量的加入，让市场价值发掘、价值投资的应有之义逐渐清晰，包括本书所说的严格标准检验下的"要素投资"，也是不少机构投资者所选择的方法之一。或许有人说，当前投资方法论、实操经很多，压宝式的投资也可博采众长、自成一派，但是专业的人做专业的事是市场的大势所趋，投资者应该在资产管理的大时代中，相信专业专注的投资机构的研究和投资能力，顺应机构化市场环境下的财富管理大势。

以国泰基金为例，截至 2017 年底，国泰基金累计分红 370 亿元，其中偏股型基金年化收益率平均为 18.49%，超过同期上证综指平均涨幅约 13 个百分点，远远跑赢大盘。同时，国泰基金长期受托管理企业年金、社保基金等各类养老金，实现良好收益，国泰基金管理的企业年金组合 2012 年至 2017 年含权组合累计收益率为 49.68%。

良好业绩取得的背后并没有独门秘籍，国泰基金始终相信授人以鱼不如授人以渔，公司近年来非常重视线上和线下的投资者教育工作。除线下活动外，我们还经常在公众媒体、各类销售平台以及互联网渠道开设专栏，分享正确投资理念，规避非理性投资行为，之前出版的《资智通鉴》系列刊物和图书受到行业内外投资者好评，这些润物细无声的投资者教育工作，让我们坚定了在 20 周年之际，将海外先进投资管理理念引进到国内的信心和决心。

《要素投资完全指南》一书的出版初衷即源于此，我们从海外众多知名经济学家、投资大家最新出版英文书籍中遴选出这本兼具理论性与实操性，横跨微观中观以及宏观视角，反映海外资产配置最新趋势的著作。

对于国泰基金而言，公司将在未来发展中进一步扩大客户的覆盖面，让更多客户受益公司优秀的权益投资能力。与简单将传统的权益类产品推销给客户不同，我们会根据客户的风险偏好，将优秀的权益投资能力与稳健的固定收益类资产，以及其他市场投资工具，进行合理组合和要素设计，从而为不同风险偏好的客户，进行定制化的产品设计，让低风险偏好的客户，也能在一定程度上树立长期投资观念，进而享受到权益投资的良好回报。

回到本书的具体内容。简而言之，要素投资方法是定义并系统性地遵守

序

一系列规则，建立分散投资组合。具体来说就是，系统性地确定具备明显共同特征的股票，持有由这类股票构成的投资组合，同时避免买入、出售甚至做空特征相反的投资组合。在本书中，作者重点介绍了规模、价值、动量、盈利能力和质量、期限、持有报酬等要素，并从持续性、普适性、稳健性、直观性以及可投资性五个标准对上述要素进行了深入的探讨研究，其中的探讨研究结合了理论知识以及实操案例，给读者以全面、直观、实证的认识。

我们认为《要素投资完全指南》一书所传递的资产配置选择方法非常适合未来养老型公募产品的投资策略。养老型公募产品也将会是国泰基金下一步发展的战略重点，我们将积极响应国家大力发展第三支柱养老金的顶层政策设计要求，充分发挥公司在社保基金、企业年金方面丰富管理经验，进行长周期资产配置和风险管理，开发满足不同人群生命周期需求的全面解决方案。

国泰基金管理有限公司

2018 年 7 月

　　如果对股市参与者进行调查，让他们列出有史以来最伟大的投资者，那么可以肯定，大部分人的答案将是"沃伦·巴菲特"。因此可以认为，全球投资者的一大目标是找到巴菲特的投资秘诀。如果能找到这样的秘诀，那么就可以像巴菲特一样去投资。当然，也要假定我们具备与巴菲特类似的能力，能够忽略市场上的干扰性因素，避免恐慌性抛售。这些因素导致许多投资者承受了更高的股票交易风险，但最终回报率却低至债券水平。本书利用一部分章节探讨了学术界如何探索这种秘诀——特别是能转化为有力股价表现、带来高于市场平均回报率的股票和其他证券的特征。这样的特征，即出现在多种证券中的共同特征或特征集合，也可以被称作"要素"。因此，要素是用于表述定性主题的定量方式。例如，在本书第三章中，我们将讨论价值要素。价值要素可以通过多种衡量方式，例如市净率、市现率、市盈率和市售率来表述。此外本书也讨论了，实践者如何利用学术研究成果去构建投资组合。

　　你会看到，尽管巴菲特被许多人认为是伟大的自由选股者，但目前人们已经发现，他的成功并非由于自由选股能力。实际上，他的成功是因为他找到了股票的某些关键特征，即要素。这些要素可以带来高于市场平均水平的回报率。换句话说，如果知道应该去关心哪些要素，那么只要投资符合这些要素的基金，你就可以复制巴菲特在选股上的成功。这样说并非贬低巴菲特及其导师（即传奇性价值投资者本杰明·格雷厄姆和大卫·多德）的成就。与学术界相比，他们发现这些特征的时间要早几十年。实际上，正是借助对业绩优秀的投资者的研究，学术界才得以发现股票的某些重要特征。在此基础上，学术研究的目的是判断，这些投资者取得成功是因为投资了具有普遍性的要素或要素集，还是由于自由选股或把握市场时机的能力。因此，只要我们能发现伟大投资者的秘诀，就无需对个股进行任何基本面研究。通过投资低成本、被动管理型（这意味着不需要特意选择个股或投资时机）以及包含这些要素的交易所交易基金（ETF）或共同基金，你就可以实现财务传奇。

　　在本书中，我们将涉猎广泛的学术研究。我们引用了过去50年时间里100多篇学术论文，试图揭示成功投资的秘诀。我们的目标并不是说服你接受任何观点或关于要素投资相关研究的某些表述，而是提供信息和数据，使你在获得充分信息后做出自己的投资决策。在这个过程中，你会遇到一些专业术语。我们提供了专门的术语表来解释这些术语，使本书的阅读更简单。

　　如果能识别这些要素，那么投资者就可以获得高额财务回报。学术界已经在这方面投入了巨大的努力。在2014年的论文《长期资本预算》中，作者亚伦·列维和伊沃·韦尔奇研究了学术界和实践者发现的约600个要素。作者坎贝尔·R.哈维（《金融学杂志》前编辑）、刘彦和朱赫青*在2015年的论文《预期回报的截面分析》中报告称，仅仅从2010年至2012年，业界就发现了59个新要素。他们总共分析了来自顶级期刊和高水平研究论文的315个要素。由于这些投资特征为数众多且各有特点，因此在2011年的美国金融协会主席报告中，芝加哥大学的约翰·H.科切莱恩教授提出了"要素动物园"一词。

要素：非传统的观点

大部分传统投资组合主要由公开交易的股票和债券构成。与这些投资组合中股票部分相关的风险主要是市场 β ，即资产相对大盘的价格波动情况（我们将在第一章中详细介绍市场 β ）。如果某个传统投资组合中股票和债券的比例分别为60%和40%，那么由于股票的风险相对于债券更高，价格波动更明显，因此市场 β 在风险总量中的占比实际上要远高于60%，甚至超过80%。这是由于，股票投资组合的年波动率通常约为20%，而优质中期债券组合的年波动率只有5%左右。因此，投资组合的价格波动和价格下跌风险高于资产配置权重从理论上带来的影响，股票是其中最重要的原因。

2008年金融风暴及股市的大幅下跌促使许多投资者，包括机构投资者，寻找有利于分散风险的其他投资选择。通常被考虑的目标包括私募股权基金和对冲基金。然而大量证据表明，这两种投资选择与股票之间的相关性系数非常高。例如，尼尔斯·佩德森、塞巴斯蒂安·佩奇和何飞在2014年的论文《资产配置：其他投资选择的风险模型》中指出，从2001年12月至2012

---

* 中、日、韩人名多为音译，具体信息请参照文末"参考文献"。——编者注

年12月，私募股权基金和对冲基金与股票之间的相关性系数分别为0.71和0.79。对于这类投资工具，大部分回报率正是来自股票。也就是说，尽管私募基金和对冲基金投资者尝试通过分散投资来降低市场β风险，但实际上仍面对同样的风险。克利福德·阿斯尼斯、罗伯特·克雷尔和约翰·刘在2001年的论文《对冲基金是否确实能实现对冲？谨慎看待月度回报》中得出了同样的结论。

导致问题更麻烦的是，作为某种投资的绝对回报与风险调整后基准值之间的差额，α被证明几乎无法预测。私募基金和对冲基金的历史业绩表明，它们无法带来稳定的α。拉里·斯韦德罗和贾雷德·季泽尔在他们的著作《你唯一需要的其他投资指南》中证明了这个观点。另一些传统投资选择，例如房地产投资信托（REIT）和基础设施，与股票走势同样呈现出较高的相关性。在其他传统投资中，与股票几乎不相关的只有大宗商品和林业。

不过，我们还可以用另一种非传统的方式去看待分散投资。投资组合不再是资产类别的集合，而是分散要素的集合。在2012年的论文《分散投资的消亡被过分夸大》中，安提·伊尔马宁和贾雷德·季泽尔充分表达了对要素投资策略的支持。他们的研究成果获得了"伯恩斯坦·法波齐/雅克布斯·列维年度最佳论文奖"。论文指出，相较基于资产类别的分散投资，在降低投资组合波动性及应对市场方向性变化时，基于要素的分散投资效果更好。

你应当考虑哪些要素？

在担任白金汉投资和BAM联盟研究总监期间，拉里·斯韦德罗密切关注学术界的研究成果，在该领域撰写评论文章长达20多年，其3000多篇文章和博客是本书重要的素材来源。

我们的目标是厘清看似不透明的复杂问题。阅读本书，你会发现在"要素动物园"中，只需要少量要素，你就能获得与巴菲特同样的投资风格。你还将了解如何像之前提到过的那些金融大师们一样，以低成本、节税的方式去投资。

为了研究要素动物园中有哪些要素具备投资价值，我们将用到以下判断标准。如果某个要素值得用在投资过程中，那么必须首先通过所有标准的检验。首先，该要素必须能很好地解释，某个投资组合为什么带来了较高的回报率。此外，该要素必须具备：

－持续性：要素适用于长时间跨度和多种经济体制。

－普适性：要素适用于多个国家、地区、行业甚至资产类别。

－稳健性：要素适用于多种定义。（例如，无论用市净率、利润、现金流或营收来衡量，价值要素都能带来回报率溢价。）

－可投资性：要素不仅停留在理论层面，同时也将交易成本等实操问题考虑在内。

－直观性：要素带来的回报率可以用基于风险或行为学的理论给出合理解释。这样的解释还可以说明，为何要素的回报率溢价是可持续的。

"要素动物园"中的600个要素可以划分为多个类别。某些与宏观因素有关，某些与资产特征相关；某些需要用风险来解释，某些更多地与投资者行为有关，而还有一些则同时与两者相关。

尽管要素的数量为数众多，看起来错综复杂，但好消息是，你只需要专注8个符合我们标准的要素即可。那么其他要素是什么情况？某些要素经不起时间的考验，在被发现后逐渐变得没有效果。这些要素可能是数据挖掘或随机性的结果。某些要素只在某些特定时期、某些经济体制内或对某些特定类型资产有效。另一些要素则可以基于我们建议的要素去解释。换句话说，这些要素是同一主题（例如，价值要素就有很多定义）的不同变种。我们将在附录中做简短地讨论。

我们的目标是找到一定的要素集合，尽可能充分地解释分散投资组合带来的回报率差异。实际上，这也是一场对资产定价模型历史的回顾。整个旅程从50年前开始，当时我们发现了首个资产定价模型，即资本资产定价模型（CAPM）。

资本资产定价模型（CAPM）

业内公认，基于哈里·马科维茨的工作，约翰·林特纳、威廉·夏普和捷克·特雷诺提出了首个正式的资产定价模型，解释是什么带来了回报率。这就是他们在1960年代初提出的资本资产定价模型。

资本资产定价模型首次精确定义了风险，以及风险如何带来预期回报率。这有助于我们了解，跑赢市场的主动管理型基金经理在α指标上是否业绩良好，又或者他们的业绩是否只是某些通用要素的结果。这是个重要问题，因为主动管理型基金经理经常做出高α的承诺，并因此收取较高的管理费用。换句话说，如果主动管理型基金经理跑赢市场只是由于对某些常见要素的敞口（即β），那么在为高α付出高价格之后，投资者实际上得到的只是β。而如果想要得到这样的要素敞口，成本原本可以低很多。

资本资产定价模型：单一要素模型

资本资产定价模型从"单一要素"的视角去看待风险和回报：某个投资组合的风险和回报率仅仅由市场 β 来决定。这个特定的市场 β 衡量了股票、共同基金或投资组合的风险相对于大盘风险的敏感程度。这也被称作不可分散的系统性风险。因为无论你持有多少股票，都无法分散来自市场 β 系数的风险。市场 β 将是我们在要素动物园中游览的第一站。

YOUR COMPLETE GUIDE TO
FACTOR-BASED INVESTING

第一章　市场 β

　　许多人都误解了市场 β 的定义。为了明确这个问题，我们首先将给出定义，解释市场 β 究竟是什么。随后我们将解释，为何市场 β 如此重要。

　　首先，市场 β 并不代表价格波动，但两者之间存在关联。β 代表的是某项资产跟随市场整体波动的情况。具体定义如下：用特定资产回报率与大盘回报率之间的相关性（即两个不同变量同时变化的程度），乘以特定资产波动率与大盘波动率之比（波动率用投资回报的标准差来衡量）。根据定义，如果某个投资组合中包含市场上的所有股票（例如VTSMX指数型基金），那么该投资组合的 β 等于1。如果 β 大于1，那么就意味着投资组合相对于大盘风险更高。如果 β 小于1，那么就意味着风险小于大盘。不过，β 并不等同于股票在某个投资组合全部资产中的占比。我们以两个投资组合为例，来证明这个观点。

假设投资者A持有的投资组合100％投资于股价表现强劲的科技股。该投资组合的 β 可能是1.5。如果大盘上涨10％，那么可以预计该投资组合的价格涨幅将为15％（10％乘以1.5）。如果大盘下跌10％，那么该投资组合的价格将下跌15％。投资者B持有的投资组合同样100％投资于股票，但风格偏保守，通常投资于更具防御性的行业（例如公用事业、超市和药店等行业）。这些行业对经济增长的变化不是很敏感。这个投资组合的 β 可能只有0.7。因此，如果大盘上涨（或下跌）10％，那么该投资组合的价格上涨（或下跌）只有7％。

假设你创建投资组合，将其中70％的资产配置于股票。但如果这些股票的 β 为1.43，那么该投资组合的 β 为1（70％乘以1.43）。很明显，投资组合的 β 最终决定了你的风险和预期回报率。

现在，我们用此前提出的一系列标准来检验市场 β。第一步，我们关注市场 β 相对于基准收益率，即1个月美国国债（无风险投资）的溢价。请注意，在金融行业，溢价的定义通常是两个要素年平均回报率（不是年化回报率或年复合回报率）的差额。这也就是我们所说的多空投资组合。为了计算市场 β，我们用美国股市总体的年平均回报率减去1个月美国国债的年平均回报率。结果显示，从1927年至2015年，美国股市的市场 β 溢价为8.3％，不仅绝对值很高，且持续性很好。

持续性

表1.1展示了从1927年至2015年，美国股市市场 β 溢价的持续性。可以发现，该溢价在全年约2/3的时间内都是正数。时间跨度越长，持续性越明显。

表1.1 跑赢的概率（％）

	1 年	3 年	5 年	10 年	20 年
市场 β	66	76	82	90	96

除持续性较强之外，美国股市市场β溢价的夏普比率（Sharpe Ratio，用于衡量根据风险调整后的回报，具体定义见术语表）为0.4，在我们讨论的所有溢价中排第二。最高的夏普比率为0.61，最低为0.06。

尽管市场β溢价表现出高持续性的特点，但仍需指出，无论时间跨度有多长，溢价变为负数的概率依然存在。例如，以5年的跨度来研究，负溢价的概率为18％。以10年和20年为跨度来研究，负溢价的概率分别为10％和4％。这样的结果很好理解。如果不是这样，那么只要你愿意在熊市中持股观望足够长的时间，投资股票就不会有任何风险。准确来说，回报率出现溢价正是由于风险的存在。我们研究的所有要素情况都是如此。如果不必承担任何风险，投资者就会不断买入具备这些特征的股票，直到溢价消失。

关键在于，如果你希望利用某个要素获得预期内但没有保障的溢价，那么必须愿意承担相应的风险，即在相当长一段时间里，溢价可能是负数。在此期间，风险将令你遭受严重损失。由于存在这种风险，因此需要铭记一点：投资者不应承担超出自己能力、意愿或需要的风险。用另一种方式来说，纪律性对于成功的投资至关重要。投资者必须有耐心，能容忍在很长时间内投资资产的表现差于预期。巴菲特说过："对投资者来说，最重要的是性格而非智力。"他还说过："只要你的智商大于25，投资成功就与智商无关。只要具备普通人的智商，那么所需要的就是不急于求成的性格。在投资过程中，许多人因为急于求成遇到了麻烦。"

然而长期以来的经验告诉我们，在普通投资者看来，3年甚至5年就已经算是漫漫长日，10年几乎相当于永恒。但实际上，10年时间的结果还不足以得出任何结论。由于无法理解到这点以及缺乏耐心，许多投资者的投资业绩相当糟糕。在一段时间内资产价格较差后，他们会选择抛售（此时资产价格较低，未来的预期回报很高）。而在资产价格表现较好后，他们又会买入（此时资产价格较高，未来的预期回报降低）。高买低卖不可能带来成功，但大部分投资者却在这样做。

普适性

在2011年的论文《全球范围内的股票溢价》中，作者埃罗伊·蒂姆森、保罗·马尔什和迈克·斯唐顿发现，自1900年以来，在全球几乎所有的国家和地区，市场 β 一直都是正数。在《2016年瑞士信贷全球投资回报年鉴》中，蒂姆森、马尔什和斯唐顿重新评估了市场 β，从美国投资者的视角给出了21个发达国家市场股票存在风险溢价的证据。1900年至2015年，所有这些市场的收益率相对于1个月美国国债的溢价始终是正数，溢价幅度从比利时的3.1％到南非的6.3％不等（如表1.2所示）。美国市场（与奥地利）并列第8，溢价为5.5％。在全球范围，股票风险溢价为4.2％。不包括美国在内的其他地区溢价为3.5％，欧洲为3.4％。过去50年中（1966年至2015年），所有溢价也都为正数，溢价幅度从奥地利的1.4％到瑞典的6.6％不等（如表1.2所示）。美国市场的溢价为4.4％（排名第9），全球范围为4.1％，不包括美国在内的全球其他地区为4.5％，欧洲为5.4％。很明显，市场 β 溢价具备普适性。此外也可以看到，美国并不是回报率最高的国家。

表1.2 全球范围内的股票风险溢价

国家	股票风险溢价 1966—2015（%）	股票风险溢价 1900—2015（%）
澳大利亚	3.5	6.0
奥地利	1.4 *	5.5
比利时	3.4	3.1 *
加拿大	2.3	4.1
丹麦	4.8	3.4
芬兰	6.1	5.9
法国	4.9	6.2
德国	3.9	6.1
爱尔兰	4.8	3.7
意大利	1.5	5.8
日本	4.0	6.2
荷兰	5.2	4.4
新西兰	3.2	4.4
挪威	4.2	3.1 *
葡萄牙	3.9	4.7
南非	5.9	6.3 **
西班牙	3.7	3.3
瑞典	6.6 **	3.9
瑞士	5.2	3.7
英国	4.6	4.3
美国	4.4	5.5
全球	4.1	4.2
全球，除美国以外	4.5	3.5
欧洲	5.1	3.4

说明：* 最低

** 最高

可投资性

首先，对接近大盘的投资组合来说，所持有资产的周转率不会太大。这将确保交易成本降到最低。其次，以买卖价差形式表现出的交易成本，以及券商收取的佣金成本正明显下降，指数型共同基金和交易所交易基金之间的竞争推动了费率不断降低。目前，投资美国全市场的交易所交易基金最低费率只有0.03%，在国际上最低为0.13%。

两个案例可以证明市场 β 的可投资性。首先，从1976年9月（创立以来的首个整月）至2015年，先锋500指数基金投资者份额（VFINX）的年回报率为10.8%，同期标准普尔500指数本身（没有任何费用或交易成本）的回报率为11.1%。重要的是，VFINX的费率逐年下降。其次，从1992年5月（创立以来的首个整月）至2015年，先锋全股市指数基金投资者份额（VTSMX）的年回报率为9.2%，同期美国全股市的回报率为9.3%。美国全股市的基准是证券价格研究中心（CRSP）的1-10指数（1-10代表了以市值进行10分位排序的全部股票）。

直观性

投资者期望市场 β 能带来额外的正收益，这在逻辑上很好解释。首先，股票持有风险与经济周期紧密相关。在经济衰退期间，依靠工资收入或做生意赚钱的投资者将面临熊市的"双重打击"。他们要么面临被裁员，要么就面临生意收入的滑坡甚至破产。大量证据表明，普通散户投资者极度厌恶风险，因此如果想让他们接受双重打击的风险，尤其考虑到失业或生意收入滑坡的风险无法通过保险来规避，那么就必须提供较高的溢价作为补偿。在最糟糕的时期（由于失去收入来源或收入下降），投资者有可能被迫出售股票。

对于股票溢价的存在，我们还有另一种解释：很大一部分（即便不是全部）股票被高净值个人所持有。随着净资产的递增，财富的边际效应（由额外消费带来的满足感提升）不断递减。尽管财富越多越好，但当个人不必再承担风险即可维持一定程度的财富之后，只有高溢价才有可能吸引他们去承担风险。

关于股票溢价的存在，我们还有第三种解释。这种解释与投资者年龄段和贷款限制有关。年轻投资者的预期投资期限较长，承受风险能力较强。在这种情况下，溢价更高的股票更可能成为他们的目标。然而由于收入水平较低，消费需求很高（例如需要买房），贷款能力不足，因此他们的投资能力有限，很多股票投资行为无法实现。与此相反，老年投资者通常预期投资期限较短，同时没有能力或意愿去承担股票风险。此外以投资生命来看，他们处于投资退出阶段。因此，他们倾向于降低股票在总资产中的占比。最终，股票持有风险集中于有储蓄习惯的中年人群。然而，这类人群的储蓄不仅是在为退休做准备，同时也在为孩子的大学教育基金做准备。相对于年轻投资者，他们更可能厌恶风险。毕竟他们必须确保，在临近退休时，将双重打击的风险降到最低。

关于股票溢价还有另一种直观解释：股票的波动性远高于无风险的1个月美国国债。美国股市指数的年标准差约为20%，但1个月美国国债只有3%左右。

股票持有风险显而易见。在某些时期，股票回报率大多是负数。例如在1931年，美国股市出现了最糟糕的一年期回报率，达到−43.5％。相比之下，1个月美国国债的回报率从未在某个日历年内变为负数。美国股市最惨烈的亏损发生在1929年9月至1932年6月，当时的跌幅超过83％。在这段时间内，1个月美国国债的回报率为6％。股票的表现比1个月美国国债差接近90％。这就是风险。

下表总结了市场 β 溢价的数据。

表1.3 市场 β（1927—2015）

	市场 β
年溢价（％）	8.3
夏普比率	0.40
1 年时间内跑赢的可能性（％）	66
3 年时间内跑赢的可能性（％）	76
5 年时间内跑赢的可能性（％）	82
10 年时间内跑赢的可能性（％）	90
20 年时间内跑赢的可能性（％）	96

很明显，市场 β 符合我们的要素检验标准，我们可以利用市场 β 要素去配置资产。然而无论对于哪种要素，将多大比例的资产配置于该要素取决于投资者的个人能力、意愿及容忍风险的程度。此外，你在资产配置时也需要考虑，投资组合中是否还存在其他的风险投资，以及这些资产的风险与投资组合整体风险之间的相关性。这就类似于做饭，好厨师不仅专注于不同食材的质量，还会注重搭配。简而言之，不应当用孤立的眼光去看待某种资产的风险。评价某种资产的唯一正确方式是，思考这种资产的加入将给投资组合的整体风险和预期回报带来什么样的影响。

资本资产定价模型存在缺陷

在大约30年的时间里，基于单一要素的资本资产定价模型主导了金融行业的运行。然而与所有模型类似，资本资产定价模型从定义上就存在缺陷，甚至可以说有错误。如果模型完全正确，那么就会成为定律（例如物理学中的定律）。在实践中我们逐渐发现，资本资产定价模型只能解释2/3左右的分散投资组合回报率差异。举个简单的例子：如果投资组合A的回报率为10%，投资组合B为13%，那么市场β只能解释两个投资组合回报率差异3%中的2%。剩余的1%是由于运气、技巧（无论是选股还是投资时机）或某些尚未被识别的要素。越来越多不符合资本资产定价模型的异常开始出现，最终帮助我们"发现"了其他要素。

法玛-弗兰奇三要素模型

1981年，罗尔福·班茨的论文《普通股回报率与市值之间的关系》发现，市场β无法完全解释小市值股票平均回报率较高的现象。1983年，桑乔伊·巴苏的论文《有关纽约股票交易所普通股净收益率、市值与回报率关系的更多证据》发现，盈利收益率（即每股利润和股价之比，E/P）与平均回报率之间存在正相关性，而市场β无法对此做出解释。1985年，巴尔·罗森博格、肯尼斯·雷德和罗纳德·兰斯特恩在论文《关于市场失效的有力证据》中发现，股票的平均回报率和账面市值比（B/M）之间存在正相关性。后两项研究提供的证据表明，除规模溢价之外，价值溢价同样存在。

法玛-弗兰奇三要素模型极大地优化了资本资产定价模型对投资组合回

报率的解释能力，可以解释90％以上的分散投资组合回报率差异。为了介绍这个经过优化的新模型，我们回到之前最简单的例子。如果投资组合A的回报率为10％，投资组合B为13％，市场 β 的差异已解释了3％回报率差异中的2％，那么在加入规模要素和价值要素后，法玛–弗兰奇模型大约可以解释2.7％的回报率差异。不过，剩余的0.3％差异仍然需要用选股技巧、投资时机或其他尚未识别的要素来解释。

　　下面，我们来看看规模要素，并用之前的标准对其进行检验。

YOUR COMPLETE GUIDE TO
FACTOR-BASED INVESTING

第二章　规模要素

我们对规模要素的探讨再次从定义开始。正如之前的解释，所有要素都是多空投资组合。因此，规模要素的计算方式是用小市值股票的年平均回报率减去大市值股票的年平均回报率。因此，该要素也被称作"SMB"（small minus big），即英文"小减去大"的缩写。小市值股票的定义是CRSP（The Center for Research in Security Prices，证券价格研究中心）指数中市值排名后50％的股票，而大市值股票是排名前50％的股票。从1927年至2015年，美国股市的规模要素溢价为3.3％。

持续性

规模要素也具备持续性的特征，但不及市场 β 要素。表2.1显示了从

1927年到2015年规模要素溢价的持续性。我们再次看到同样的趋势：随着时间跨度拉大，要素跑赢的概率逐渐提高。不过，这些概率值比市场β要素要低。

表2.1 跑赢的概率（％）

	1 年	3 年	5 年	10 年	20 年
规模	59	66	70	77	86

在这段时间内，规模要素溢价的夏普比率为0.24，在我们探讨的所有要素溢价中排名倒数第二。不过，如果以不同方式来定义规模要素溢价，那么夏普比率也能得到明显提升。此外，将规模要素与其他要素结合起来使用会非常有效。

普适性

为了判断，规模要素是否具备普适性特征，我们首先比较了MSCI（Morgan Stanley Capital International，摩根士丹利资本国际公司）欧澳远东指数（该指数跟踪欧洲、澳洲和远东地区的发达国家市场，但不包括美国和加拿大市场的大中型市值股票）和DFA（Dimensional Fund Advisors，空间基金管理公司）国际小市值指数的回报率。从1970年至2015年，MSCI欧澳远东指数的回报率为9.5％，DFA小市值指数的回报率为14.5％。

MSCI从1999年开始编制欧澳远东小市值指数，因此在使用该指数时，我们只有较短期的数据可以参考。从1999年至2015年，MSCI欧澳远东指数的回报率为4.1％，而MSCI欧澳远东小市值指数的回报率为8.4％。此外，DFA于2015年发布研究报告《欧洲股票回报的规模》，分析了15个欧洲市场从1982

年至2014年33年时间的数据。报告指出，整体来看小市值股票存在溢价，只有一个国家例外（即芬兰，而芬兰的数据从1990年开始）。

利用法玛-弗兰奇指数集，我们可以看看新兴市场的情况。从1989年至2015年，法玛-弗兰奇新兴市场指数的回报率为10.4％，法玛-弗兰奇新兴市场小市值指数的回报率为11.7％。这说明，规模要素溢价不仅出现在美国，也出现在全球其他发达国家和发展中国家的股票市场。

可投资性

在配置规模要素的过程中，我们遇到了一个现实问题：小市值股票通常流动性较差，交易成本更高，因此规模要素溢价在现实环境下能否为投资者所用？或者说，这种溢价是否只是停留在理论中？为了回答这个问题，我们来分析活跃共同基金的情况，看看它们能否成功把握小市值股票带来的回报率。首先，我们看看桥路超小企业市场基金（BRSIX）的回报率。选择这只基金是因为，该基金采用被动管理模式，投资小市值板块市值最低的部分（这也被称作"微型股"）。对于这类股票，交易成本可能会是严重障碍。这只基金的创立时间为1997年7月31日。从1997年8月至2015年12月，基金回报率为10.3％，跑赢CRSP 9-10指数（以市值来看排名后20％的股票），后者的回报率为9.5％。此外，这也符合CRSP 10指数（市值最小的10％股票）的回报率。需要指出，指数本身没有任何交易成本。此外还值得注意的是，法玛-弗兰奇美国小市值指数的回报率为8.5％，而另一个小市值指数罗素2000指数的回报率为7.0％。

此外还有证据证明，资产结构良好的被动管理型基金完全有能力把握小市值股带来的高回报率。可以看看DFA美国微型市值投资组合基金（DFSCX）和DFA小市值投资组合基金（DFSTX）的回报率，目前这两只基金的费率分别为0.52％和0.37％。从1982年1月创立到2015年12月，DFSCX的回报率为11.8％，超出法玛-弗兰奇美国小市值指数0.2个百分点，比CRSP 9-10指数和CRSP 10指数都高0.8个百分点，比罗素2000指数高1.7个百分点。从1992年4月创立至2015年12月，DFSTX的回报率为10.4％，只比法玛-弗兰奇美国小市值指数低0.05个百分点，比罗素2000指数高1.4个百分点。这表明，这两只基金都把握住了各自资产类别带来的高回报率。

先锋基金同样提供了小市值指数基金，我们可以看看该基金的表现。先锋小市值价值指数基金当前的费率为0.20％（该公司持有成本更低的"上将份额"共同基金当前费率只有0.08％）。这只基金于1989年9月变成指数基金，最初的基准指数为罗素2000指数。由于该指数存在问题，与其他小市值指数相比导致了相对较差的表现，因此先锋随后更换了基准指数，最初变为MSCI指数，随后又调整为CRSP指数。从1989年9月至2015年12月，该基金的回报率为9.6％，超过罗素2000指数（回报率为8.9％），但不及CRSP 6-10指数（回报率为10.5％）。

我们还可以分析DFA国际和新兴市场小市值基金的回报率，并将其与小市值指数的回报率做对比。自1996年10月创立至2015年，当前费率0.54％的DFA国际小市值企业投资组合机构类基金（DFISX）回报率为6.7％，不及德明信国际小市值指数的7.7％。不过，如果将其与1999年1月创立的MSCI欧澳远东小市值指数进行比较，可以发现DFISX跑赢了MSCI指数，两者的回报率分别为9.1％和8.0％。关注新兴市场，我们发现，自1998年4月创立至2015年，当前费率0.72％的DFA新兴市场小市值投资组合基金（DEMSX）回报率为10.8%，高于MSCI新兴市场小市值指数的6.7%以及法玛–弗兰奇新兴市场小市值指数的9.2%。

现在我们可以回答最开始提出的问题：丰富的证据表明，实际运作中的基金有能力把握规模要素带来的回报率。

直观性

与股票溢价类似，规模要素带来的回报率溢价可以用基于风险的理论来解释。相对于大市值股票，小市值股票的特征通常包括以下几个方面：

–更高的杠杆率；

–资本基数较小，影响了这些公司应对经济困境的能力；

–获取资本的能力有限，因此在面对多变的信贷环境时更脆弱；

–营收的波动更剧烈；

–盈利水平较低；

–现金流情况更不确定；

–流动性较差，导致股票交易成本更高。

其他的解释可能还包括：

–商业模式未得到充分证明，甚至完全未得到证明；

–管理能力的深度不够。

此外与大市值股票相比，小市值股票更不稳定。从1927年至2015年，小市值股票股价的年标准差约为30%，而大市值股票只有20%左右。两者相对差异达到50%。此外，小市值公司在经济低迷情况下业绩更差，因此这种资产应当获得更高的风险溢价。例如，在1931年"大萧条"时期，即美国股市表现最差的一个日历年，反映大市值股表现的CRSP 1-5指数下跌43.3％，而反映小市值股表现的CRSP 6-10指数下跌50.2％。在1973年至1974年美国经济衰退、股市低迷的情况下，大市值股跌幅为39.2％，小市值股跌幅为53.1％。2008年，大市值股跌幅为36.5％，小市值股跌幅为38.7％。

杰拉德·简森和杰弗里·梅瑟在2002年的论文《货币政策与截面预期股票回报》中分析了经济周期风险和规模溢价的关系。他们提出，孤立地去看规模要素，可以发现小市值溢价在央行采取扩张性货币政策时更明显。而在收缩性货币政策时期，规模溢价并不明显。于是他们得出结论，货币政策对规模效应有明显影响。一般认为，当美联储采取扩张性货币政策，或进行"逆向干预"时，经济增长状况通常较好。而如果美联储采取收缩性货币政策，那么经济增长就会陷入低迷。

穆恩·金和大卫·伯尔尼在2002年的论文《企业规模效应和经济周期》中也研究了企业规模和经济周期的关系。他们发现，在经济高速增长时期，小公司的发展速度比大公司更快（风险得到了回报），但在经济增长放缓时业绩更糟（风险兑现，通常导致公司破产）。因此可以合理地认为，规模溢价在经济周期的不同阶段变化明显。作者认为，规模效应是对经济周期风险的补偿。

这与2006年时余语素宏在论文《一种基于消费的股票收益率解释》中结论一致。他发现，在经济衰退期间，小市值股的回报率较低，此时消费的边际效应最高。换句话说，小市值股的回报率相对于大市值股有更明显的周期性。因此，在持有这类更高风险股票时，投资者必须获得更高的预期回报。

现在我们还不急于下结论。在讨论小市值股票的过程中，如果不关注小市值成长型股票，尤其是那些大举投资、盈利能力较差的股票，那么这样的讨论是不完善的。简单来说，这类股票的回报率很可能出现异常的偏低。

小市值成长型股票的异常

尽管小市值股票整体能带来更高的回报率（即规模溢价），但小市值成长型股票通常会出现低于市场平均水平的回报率。以法玛-弗兰奇指数为参考，从1927年至2015年，美国大市值股的年回报率为9.8%，比美国小市值股的年回报率11.8%低2%。但不同寻常的是，在这段时间内，美国小市值成长型股票的年回报率只有8.7%。

与此同时，小市值成长型股票还表现出较高的价格波动性。这些股票回报率的年标准差为32%，高于小市值股整体的30%。正是由于这样的原因，小市值成长型股票往往被称作投资"黑洞"。

行为学解释

对于这样的异常，行为金融学的解释是，投资者更偏好"彩票型"股票。尼古拉斯·巴伯里斯和黄明于2008年发表论文《变成彩票的股票：可能性对股价影响的启示》，他们发现：

－投资者更偏好正偏态型股票，即相对于分布在平均值左侧（小于平均值）的回报率，分布在平均值右侧（大于平均值）的回报率较少，但最高值距离平均值更远。换句话说，这样的投资更可能带来高额回报（类似彩票中奖）。在投资者看来，这种较小的可能性很有吸引力。因此，正偏态型股票股价更可能被"高估",但这种股票的平均额外回报更有可能为负数。

— 可以用投资者对正偏态型资产的偏好去解释有效市场假说(EMH)中的某些异常。例如,尽管首次公开招股(IPO)、私募股权基金和低价股的风险较高,但平均回报率仍然较低。

从理论上来说,可以认为,对正偏态型资产没有偏好的投资者可能会利用异常来套利。他们会愿意接受高额亏损的风险,通过做空价格高估的资产,换取高于预期的回报率。然而在现实情况下,由于市场上存在套利限制,因此这些异常很难消失。

首先,根据章程,许多机构投资者(例如养老金基金、慈善基金和共同基金)不允许持有做空头寸。

其次,借入股票再做空的成本很高,同时可供借入并用于做空的股票数量很有限。就小市值成长型股票来说,这种限制尤为明显。

第三,投资者不太愿意接受做空风险,因为做空造成的亏损是没有上限的。这里可以用到前景理论,即亏损给投资者造成的痛苦要远大于等额的收益。

第四,做空者必须面对巨大的风险,即在投资策略取得效果之前借入的股票就不得不归还。此外也有可能,他们的策略从一开始就无法取得较好的效果,导致很早就被清盘。

因此,投资者可能不愿意做空价格高估的正偏态型股票,导致这类异常情况一直存在。

控制垃圾股

某些研究者此前曾质疑过规模溢价的稳健性。他们指出,自最初公开发表以来，规模溢价一直在下降。我们将在第八章中详细探讨要素公开发表后溢价下降的问题，并得出结论：规模要素仍然可以发挥作用。此外，尽管规模要素自身已经很强大，但在与其他要素共同使用时，效果会更加明显。例如，对小市值股来说，价值要素和动量要素（我们将在下两章中探讨）产生的效应要比大市值股更强。克利福德·阿斯尼斯、安德里·弗拉奇尼、洛宁·伊斯莱尔、托比亚斯·莫斯科维茨和拉塞·佩德森在2015年的研究《如果控制垃圾股，规模要素将带来影响》中，进一步加强了我们对规模溢价的理解。他们在控制质量要素（参见第五章）的情况下，对规模溢价进行了分析。

阿斯尼斯及其同事指出："质量较差的股票（即垃圾股）通常市值很小，平均回报率较低，股价偏低，流动性很差。这些特征造成了规模要素和质量要素之间明显的负相关关系，而垃圾股的回报率解释了偶尔出现的规模溢价，以及对这种溢价的质疑。"

我们将在第五章中探讨高质量股票的特征。简单说来，这类股票，即本杰明·格雷厄姆和沃伦·巴菲特长期以来支持的股票，表现要好于特征相反的低质量股票（即所谓的"彩票型"股票）。作者还发现，"小市值高质量股票的表现要好于大市值高质量股票，小市值垃圾股表现要好于大市值垃圾股，但标准的规模效应会受到规模–质量综合效应的负面影响。"

换句话说，除非小市值股的质量较差，否则这类股票的回报率都会比较高。作者认为，在对质量要素进行控制后，我们能看到更明显的规模溢价。这样的溢价：

–长期保持稳定；

–其表达形式具备稳健性；

　　-对不同的季节和市场更具一致性。例如，"1月效应"中较高的规模溢价很容易拓展至全年；

　　-并没有集中于微型市值股；

　　-无法通过低流动性溢价来获得；

　　-可以解释规模和其他回报率特征，例如价值和动量之间的关系；

　　-规模分位和额外回报之间存在几乎完美的单调线性关系（当我们从小市值股过渡至大市值股时，额外回报率会稳定下降，而最终对于市值最大的股票额外回报率将会是负数）。

　　另一项重要发现是，高质量股票通常流动性更好。这有助于指导投资组合的建立和配置。

　　阿斯尼斯及其同事还发现，如果不控制质量要素，而是对低β要素（将在附录D中讨论）进行控制，那么也能得到类似结果。高β股票通常更具投机性（更像是彩票），历史回报率较差。此外，高β股票与低质量股票有许多共同特征。他们还发现，对于两种最近出现的要素，包括盈利能力要素（即"RMW"，强劲减去疲软，参见第五章）和投资要素（即"CMA"，保守减去激进），小市值股通常存在负敞口。盈利能力强的公司表现通常好于盈利能力弱的公司，而投资较少的公司表现通常好于大举投资的公司。因此，对这些要素进行控制可以优化规模要素的表现。

　　在注意到小市值成长型股票"黑洞"带来的负溢价之后，某些共同基金管理者创设了结构化的被动管理基金，并通过专门的规则去排除存在负面特征的股票。这些基金管理者包括AQR基金、桥路资本管理公司以及德明信基金顾问公司。

　　不过总而言之，即使不做任何优化，规模要素仍然很明显符合我们的标准，可以据此开展资产配置。

表2.2展示了到目前为止我们已探讨过的两种溢价的数据。

表2.2 市场 β 和规模（1927—2015）

	市场 β	规模
年溢价（％）	8.3	3.3
夏普比率	0.40	0.24
1 年时间内跑赢的可能性（％）	66	59
3 年时间内跑赢的可能性（％）	76	66
5 年时间内跑赢的可能性（％）	82	70
10 年时间内跑赢的可能性（％）	90	77
20 年时间内跑赢的可能性（％）	96	86

接下来我们转向价值要素。我们同样用之前的标准对其进行评估。

YOUR COMPLETE GUIDE TO
FACTOR-BASED INVESTING

第三章　价值要素

　　尤金·法玛和肯尼斯·弗兰奇在1992年的论文《预期股票回报的截面》中提出了法玛-弗兰奇三要素模型。这种模型在市场 β 要素的基础上加入了规模要素和价值要素。价值要素所说的是，相对便宜的资产通常能跑赢相对昂贵的资产。在加入价值要素之后，我们可以更好地解释著名价值投资者，例如本杰明·格雷厄姆和大卫·多德的漂亮投资业绩。这些投资者的与众不同之处并非在于 α，而是基于要素的 β。当然，我们也不能因为这种马后炮就忽视他们的全部成绩。毕竟，在这些要素被加入模型甚至成为学术界认可的概念之前，他们就已经在投资策略中运用这些要素。

　　由于所有要素都是多空投资组合，因此价值溢价的计算方式是用价值型股票的年平均回报率减去成长型股票的年平均回报率。所以价值要素也被称作"HML"，即用高账面市值比（BtM）股票（H）的回报率减去低账面市值比股票（L）的回报率。尽管有多种指标都可以衡量价值，但学术界最常用的指标就是账面市值比。价值型股票被定义为账面市值比排名前30％的股票，而成长型股票被定义为账面市值比排名后30％的股票。排名中间40％的股票被视为核心股票。从1927年至2015年，美国股市的年价值溢价为4.8％。

持续性

价值溢价的持续性尽管不如市场 β 溢价那样强劲，但要好于规模溢价。表3.1显示了从1927年到2015年价值溢价的持续性。

表3.1 跑赢的概率（％）

	1 年	3 年	5 年	10 年	20 年
价值	63	72	78	86	94

价值溢价的夏普比率为0.34，在我们讨论的所有溢价中排名第四。在这里可以重提一下，最高的夏普比率为0.61，最低为0.06。

普适性

为了判断价值溢价是否具备普适性，我们首先比较法玛-弗兰奇国际成长指数的回报率和法玛-弗兰奇国际价值指数的回报率。从1975年至2015年，法玛-弗兰奇国际成长指数的回报率为8.6％，法玛-弗兰奇国际价值指数的回报率为13.8％，两者之差为5.2％。

再看下新兴市场：1989年至2015年，法玛-弗兰奇新兴市场成长指数的回报率为9.3％，法玛-弗兰奇新兴市场价值指数的回报率为13.0％。

基于DFA研究团队的工作，我们还可以看到各个单一欧洲股市的证据。该公司2015年11月发布研究报告《欧洲股票回报率的维度》，覆盖了15个欧洲市场1982年至2014年的情况。研究者发现，在选择的样本中，价值型股票的回报率要高于成长型股票。在整个欧洲股市范围内，价值溢价达到4.9％。而在15个单一市场，价值溢价最低为爱尔兰的1.5％，最高为瑞典的7.3％。从1982年至2014年，欧洲的价值溢价持平于美国（4.5％）和全球发达市场（6.0％）。

克利福德·阿斯尼斯、托比亚斯·莫斯科维茨和拉塞·佩德森在2013年的研究《全球各地的价值和动量》中，发现了价值溢价普适性的更多证据。作者调查了18个发达国家市场，包括美国、英国、欧洲大陆和日本的价值要素。最终发现，所有股市都表现出明显的价值溢价，其中日本股市最为明显。

可投资性

在足够长的时间跨度内，全球范围内的价值型指数基金都会跑赢成长型指数基金。为进一步判断，实际运作的基金能否把握价值要素带来的回报，我们比较了DFA价值基金的回报率与某些价值指数的回报率。

自1993年3月成立到2015年12月，当前费率0.27％的DFA美国大市值价值投资组合机构类基金（DFLVX）回报率为9.8％，跑赢了MSCI美国主板价值指数（回报率为9.3％）和罗素1000价值指数（回报率为9.4％）。

自1993年4月成立到2015年12月，当前费率0.52％的DFA美国小市值价值投资组合机构类基金（DFSVX）回报率为11.6％，跑赢了MSCI美国小市值价值指数（回报率为10.6％）和罗素2000价值指数（回报率为9.7％）。[1]

自1994年6月（MSCI欧澳远东价值指数的创设日）到2015年12月，当前费率0.25％的DFA国际价值Ⅲ投资组合基金（DFVIX）回报率为5.9％，跑赢了MSCI欧澳远东价值指数（回报率为5.1％）。

自1995年1月成立到2015年12月，当前费率0.69％的DFA国际小市值价值投资组合Ⅰ基金（DISVX）回报率为7.4％，与MSCI欧澳远东小市值价值指数一致。

自1997年1月（MSCI新兴市场价值指数的创设日）到2015年12月，当前费率0.56％的DFA新兴市场价值投资组合机构类基金（DFEVX）回报率为9.8％，跑赢了MSCI新兴市场价值指数（回报率为5.7％）。

大量证据表明，实际运作中的基金能把握价值溢价。越重视对价值型股票的投资，回报率就越高。

直观性

关于规模溢价的来源，学术界几乎没有争议（学术界几乎公认，小市值股票的风险要比大市值股票更高）。然而关于价值溢价的来源，学术界有更多不同意见。许多学者认为，价值溢价是一种异常（违背了有效市场假说），是投资者持续定价错误带来的结果。例如，在评价某家公司时，死抱财务数据的投资者会天真地根据过往增长率去做判断，从而过度夸大现有信息的价值，导致成长型公司被持续高估，价值型公司被持续低估。根据行为学理论，投资者常常将熟悉当作安全。由于他们通常更熟悉受到炒作的成长型股票，所以这些股票的价格更可能被高估。

金融经济学家仍然在争论，价值溢价来自风险还是投资者行为，而这两种理论均能得到证据的支持。对于价值溢价，错误定价和风险这两种解释都扮演了一定的角色。我们首先看看基于风险的解释在学术界有哪些证据，最开始是1998年的论文《价值型股票的风险和回报》。作者陈乃福和张峰指出，价值型股票中存在问题（风险）要素。他们研究了价值型公司中3种关于企业经营出问题的直观指标：下调股息不少于25%、权益负债比及利润标准差很高。

他们发现，在根据账面市值比排序的投资组合中，这3项指标都与回报率存在高相关性。当这3项指标出现时，回报率将变得更高。因为所有这些指标都清晰直观地反映了处于困境中的公司面临的风险，作者认为，这些风险要素之间，以及风险要素与账面市值比排序之间都具有很高的相关性，这并非偶然。他们认为，价值型股票价格较低的原因是，这些公司大多处于困境中，杠杆率较高，面临盈利风险。由于价值投资者面临的风险更大，因此这些股票的回报率也更高。

随后，我们可以看看2005年张璐的一篇论文《价值溢价》。他得出的结论是，价值溢价可以用价值型股票的不对称风险来解释。在经济发展低迷时，价值型股票比成长型股票的风险更大，而在经济发展良好时风险仅仅比成长型股票略低。作者解释，价值型公司存在不对称风险是因为这类公司的资本利用效率通常较低。不对称风险的重要性来自：

－ 投资是不可逆的。生产能力一旦投入就很难削减。相对于成长型公司，价值型公司有更多的闲置生产能力。

－ 在经济活动低迷时期，闲置生产能力更多的公司（价值型公司）盈利将受到更严重的负面影响。这是因为未投入的生产能力带来了额外负担。而相对于成长型公司，它们也更难调节这些能力。

— 在经济活动繁荣时期，价值型公司开始投入闲置的生产能力，而成长型公司则较难增加生产能力。

— 在经济状况良好时，资本型股票可以更容易地实现扩张。但在经济状况低迷时，调节资本水平极为困难，尤其是对价值型公司来说。

同时考虑到投资者对风险的高度厌恶（尤其是在经济低迷时期，风险更容易兑现。因为在这种时期，投资者自己的工作有可能不保），最终结果就是明显而持续的价值溢价。这与2006年时余语素宏的论文《一种基于消费的股票收益率解释》得出的结论一致。他发现，与小市值股票类似，在经济衰退时期，消费的边际效应达到最高点时，价值型股票带来的回报率较低。换句话说，相对于成长型股票，价值型股票回报率的周期性更明显。因此，投资者必须获得较高的预期回报，才会愿意持有这种高风险股票。

我们随后来看看2005年的一项研究《账面市值比能否衡量风险？》。作者罗伯特·皮特科特和詹姆斯·尼尔森设计了一种基于杠杆的方法去研究账面市值比效应。由于杠杆带来了风险，意料之中地，他们发现股票回报率和杠杆之间存在正相关关系。他们的回归分析结果也表明，与市场杠杆相比，账面市值比对股票回报率的解释能力要略好。他们认为，这是由于账面市值比可以反映关于企业资产风险的更多信息。因此他们得出结论：账面市值比效应在很大程度上是一种杠杆（风险）效应。作者还顺带发现了另一种有趣的现象：在只考虑所谓的"全股份"公司（与长期负债相比，这些公司的短期债务非常低）时，账面市值比效应完全消失。如果说价值溢价是种异常，那么定价错误的现象应当出现在所有高账面市值比公司中，而与杠杆高低无关。拉利察·佩特科娃2006年的论文《预测变量的创新是否只是间接的法玛–弗兰奇要素？》中得出了同样的结论。

佩特科娃发现，价值型公司通常都存在经营问题，同时杠杆率较高且现金流的不确定性非常大。因此，可以用违约利差（即高评级债券和低评级债券之间的利差）的不同去解释回报率截面。此外，成长型股票是长久期资产（价值很大一部分来自预期中的增长），更类似长期债券。价值型股票的情况相反，属于短久期资产，更类似短期债券。因此，期限利差（即短期债券和长期债券之间的利差）也可以解释回报率截面。违约利差和期限利差都表明，价值是可以衡量经营问题风险的指标。

下面，我们来看看2014年的一项研究《价值溢价和违约风险》。这项研究所使用的数据来自1927年至2011年。作者穆罕默德·埃尔贾马尔和大卫·麦克米兰发现，"无论是大公司还是小公司，违约风险和价值溢价存在正相关关系，并表现出杠杆效应"。他们的结论是："违约溢价和价值溢价存在正相关关系，同时有证据表明，价值溢价存在杠杆效应。这给价值溢价来源的风险解释提供了证据支持。违约溢价反映了宏观经济的系统性风险，但价值溢价与投资者自身的理性决策有关。与成长型股票相比，利润和盈利能力较差的价值型股票更容易出现违约风险。由于杠杆较高，投资者要求价值型股票能带来更高的回报率。"

这些论文表明，价值型股票与资产层面的财务问题有关。价值型股票并不是便宜货，可以很容易地带来高回报。它们的价格较低是有原因的，这种原因与风险相关。

最后，我们再看看另一篇论文《价值溢价和经济活动：来自美国的长期证据》。为了验证价值溢价的风险解释，作者安吉拉·布莱克、毛斌和大卫·麦克米兰分析了价值溢价和宏观经济变量，例如工业产出、通货膨胀、货币供应以及利率之间的关系。他们在研究中使用的数据来自1959年至2005

年。以下是研究结果要点。

首先，在经济扩张时期，工业产出上升，价值型股票相对于成长型股票风险略低。因此，价值型股票的股价上涨要高于成长型股票。这种趋势导致高账面市值比股票和低账面市值比股票之间的回报差距缩小，价值溢价降低。在经济低迷时期，价值型股票相对于成长型股票风险更大。结果，价值型股票的股价下跌速度比成长型股票更快，而价值溢价出现上升（同时也是风险上升的信号）。因此，价值溢价和工业产出之间存在负相关关系。在最近几次经济衰退期间，情况确实如此。例如从2007年12月至2009年6月，价值溢价为每月-0.44%。

其次，价值溢价和货币供应之间存在类似的负相关关系。随着货币供应的增长，股价会普遍上涨。价值型股票的价格上涨幅度通常要高于成长型股票，导致价值溢价减小。当货币供应下降时，股价会普遍下跌，而价值型股票的股价下跌更明显，导致价值溢价上升。

第三，价值溢价和利率之间存在正相关关系。随着长期利率的上升，股票相对于债券的吸引力下降，导致股价下跌。此时，价值型股票的下跌速度比成长型股票更快，导致了价值溢价的上升。当利率下调时，价值型股票的上涨更快，导致价值溢价减小。

布莱克、毛斌和麦克米兰发现，整体而言，价值型股票对不利经济状况更敏感，而成长型股票对有利经济状况更敏感。他们得出的结论是，价值溢价在很大程度上基于经济基本面风险要素，并随着宏观经济风险出现和消失。[2]

总而言之，关于价值溢价的存在，基于风险的解释很简单，也符合逻辑。我们还将再介绍最后一个直观的解释。价值型股票相对于市场整体的波动幅度更大。从1927年至2015年，法玛–弗兰奇大市值指数的年标准差为19.7%。法玛–弗兰奇大市值价值指数（不包含公用事业板块）的年标准差达到26.8%。法玛–弗兰奇大市值成长指数（不包含公用事业板块）的年标准差为21.5%。我们发现，同样的模式也出现在小市值股票中。法玛–弗兰奇小市值指数的年标准差为30.1%。而小市值价值指数（不包含公用事业板块）和小市值成长指数（不包含公用事业板块）的年标准差均为33.4%。

因此学术研究证明，价值型公司相对于成长型公司利润和盈利能力较差。在财务困难时期，价值型公司较高的杠杆率加大了风险。在困难时期表现较差的股票理应带来更高的溢价。为了补偿这种高风险，投资者会要求价值型股票比成长型股票回报率更高。

另一方面，价值溢价也可以用基于行为学的理论去解释。

基于行为学的解释（错误定价）

价值溢价基于行为学的一种解释方法如下：投资者对成长型公司的预期通常过于乐观，对价值型公司的预期会过于悲观。最终，当这种预期无法兑现时，股价调整就会发生。最早关于这种解释的研究是1994年的论文《逆向投资、推断和风险》，作者是约瑟夫·拉克尼谢克、安德里·施雷夫和罗伯特·维什尼。此外还有另一种行为学解释：投资者误把熟悉当作安全。由于热门的成长型股票更为其所熟悉，因此这些股票更可能被高估。

约瑟夫·皮奥特洛斯基和埃里克·索曾发表论文《识别价值/魅力策略中的预期错误：一种基本分析方法》。这项研究所使用的数据来自1972年至2010年，对错误定价假设进行了验证。作者寻找了可能的事前偏见，并将基于估值倍数的预期与企业基本面状况进行比较。如果股价未能根据历史信息准确而及时地反映未来现金流，导致股价暂时偏离基本面，那么价值策略就会成功。

皮奥特洛斯基和埃里克·索根据企业的账面市值比将观察结果分类为价值型投资组合和魅力型（即成长型）投资组合。企业的账面市值比反映了市场对企业未来表现的期望。如果企业获得的期望较高，那么估值就更高，账面市值比就变低。如果企业获得的期望较低，那么估值就偏低，账面市值比就变高。因此，账面市值比反映了市场对企业未来表现期望的强弱。

作者利用综合统计指标FSCORE来评价一家公司短期内的财务状况。FSCORE基于9个方面的财务信号，用于衡量一家公司财务状况的3个不同维度：盈利能力、财务杠杆/流动性变化，以及运营效率变化。FSCORE是综合质量要素最早的实例之一，我们将在第五章中展开详细讨论。得分最低的公司基本面恶化最严重，得分最高的公司基本面强劲。此前的研究已证明，FSCORE与未来的利润增长和盈利能力具有正相关性。FSCORE较低的公司未来盈利能力会持续恶化，FSCORE较高的公司盈利能力将获得整体性的提升。

以下是皮奥特洛斯基和埃里克·索的主要研究结论：

−以当前的价值/魅力分类来衡量，如果企业获得的预期与基本面情况一致，那么对于已实现回报，价值/魅力效应从统计学意义和经济学意义来看基本为零。

−传统价值/魅力策略产生的回报率集中于以下这样的企业：以当前价值/魅力归类来衡量，企业获得的预期与基本面状况存在事前偏差。

−"有偏差的价值/魅力策略"可以带来极高的回报率，这样的回报率明显高于传统价值/魅力策略产生的平均回报率。

这篇论文认为，价值型股票相对于成长型股票出现定价错误的原因是投资者的行为错误，例如过于乐观、锚定，以及确认偏见，导致投资者低估或忽略不利信息。正如皮奥特洛斯基和埃里克·索指出的，"关于企业成长前景，魅力型股票的投资者很可能不愿接受与自己观点不一致，或是反映业绩均值回归效应的信息。价值型股票本身面临的困难就要超过魅力型股票，对价值型公司的业绩预期可能相对悲观，因此基本面的改善需要更长时间才能在股价上得到体现。"

皮奥特洛斯基和埃里克·索的发现与价值溢价的错误定价解释一致。他们发现，价值/魅力效应主要表现在账面市值比反映出的市场预期与基本面（即FSCORE）情况不一致的公司中。如果预期与公司近期基本面一致，那么价值/魅力效应就不存在。他们得出的结论是，低账面市值比和低FSCORE（基本面疲软）的公司会被持续高估，而高账面市值比和高FSCORE（基本面强劲）的公司会被持续低估。这类公司最容易出现错误定价的现象。作者还指出，尽管传统的价值/魅力策略（只依靠账面市值比排序）和有偏差的价值/魅力策略都能持续带来正的年回报率，但后者会更频繁地出现正回报率。在39年的样本时间里，有偏差的价值/魅力策略在35年时间里产生了正回报率，而传统价值/魅力策略只有27年。他们还发现，在除6年以外的其他年份，有偏差的价值/魅力策略的年回报率要比传统价值/魅力策略更高，两者的平均年回报率分别为20.8％和10.5％。

导致股票错误定价的另一种行为是被称作"锚定"的偏见。

锚定

在2016年的论文《不断变化市盈率的魅力、价值和锚定》中，基思·安德森和托马斯·扎斯塔夫尼亚克证明，成长型股票的盈利前景会被持续高估。他们提出的假设是，魅力型股票和价值型股票的不同遭遇可以用被称作"锚定"的行为来解释。这种行为已经得到了很好的研究。

锚定是认知偏见的一种形式，具体描述如下：人们会对某些价值或属性给予过多重视，并将其作为行动的参考依据，继而不恰当地评估随后数据的影响，以支持他们最初的估计。例如，某些投资者会坚持持有已经浮亏的投资，等待这些资产至少实现盈亏平衡。这时，他们就是将投资的当前价值锚定至过往价值。

锚定产生了强大的行为力量。在试验中，我们可以向受试者提供与最终答案没有任何关系的锚定点，而这时锚定偏见将发挥明显的作用。例如，在一项知名试验中，丹尼尔·卡尼曼和阿莫斯·特维斯基要求受试者旋转转盘，转盘上的数字为10到65，随后让他们估计，联合国有多少比例的成员国来自非洲。在轮盘上转到数字10的受试者猜测为25%，而转到数字65的受试者猜测为45%。

对市盈率的锚定

安德森和扎斯塔维尼亚克假设，在最开始做出投资决策时，投资者可能会锚定至股票市盈率。他们指出："例如，在看到一家市盈率25倍的公司时，投资者会有意无意地认为，'数千名投资者，其中很多人掌握了比我更多的信息，已经为1美元的利润支付了25美元的价格。这肯定是家有价值、高增长的公司，才能配得上这样的市盈率。'"

论文作者认为，这样的投资者"没有基于均值回归效应充分调整对未来的预期"。因此在买入该股票后，投资者倾向于认为，"市盈率只可能缓慢变化。然而市盈率很可能会突然发生大幅改变，而不同市盈率将带来不同的回报率前景。如果市盈率出现明显变化，导致股票回报率不符合投资者期望，那么魅力型股票的投资者最后会看到令人失望的结果。"换句话说，投资者倾向于认为，高估值股票能长期维持当前业绩。然而证据表明，最终结果可能并非如此。

安德森和扎斯塔维尼亚克的研究数据来自1983年至2010年。他们按照市盈率对股票进行排序，将其分成15类，其中5类的利润为负数。平均来看，在给定的任意一年中，样本中的约1/3股票出现亏损。他们跟踪了随后一年每只股票在各个分类之间的运动情况，并研究了这些运动带来的平均加权回报率。他们报告了以下发现：

－对正收益股票的两个极端情况进行分析后，可以看到价值型股票平均每年跑赢魅力型股票7.5%。此外，价值型股票的回报率标准差仅略高于魅力型股票，这种标准差的不同不足以解释更高的回报率。

－无论取什么样的时间跨度，魅力型股票的回报率都相对较差。然而，如果持有时间达到2—3年（而不是只有1年），价值型投资者就会获得明显更高的回报率。这与本杰明·格雷厄姆的论断一致。价值型股票的回报率首年只有5%，而第二年和第三年分别达到21%和15%。在此之后，回报率将下降至略高于魅力型股票的水平。

— 魅力型公司次年有34%的可能性出现亏损，但价值型公司的这种可能性只有25%。

— 严重亏损的公司和价值型公司次年最可能静止于此前的分类中，这种概率分别为32%和34%。处于两个极端之间的公司更可能出现变动，而静止于此前分类的可能性只有15%到20%。然而，魅力型股票的投资者似乎低估了这些股票的变动趋势。

— 严重亏损的公司会发现当前惯性很难打破。这些公司只有1/6的可能性于次年扭亏为盈，同时有27%的可能性被交易所摘牌。值得一提的是，这与上一章讨论过的小市值成长型股票的彩票效应和较差表现类似。

— 相比静止于此前分类的价值型股票，静止于此前分类中的魅力型股票回报率要达到3倍（分别为36%和12%）。这可以解释，为何投资者偏好魅力型股票。然而，次年会静止于同一分类的股票并不多。其中，魅力型股票出现变动的可能性更大（约占5/6），且随后的回报率较差。此外，如果魅力型股票出现亏损，那么亏损会逐渐变得更严重。例如，极端的魅力型股票，即由略微盈利变为严重亏损的魅力型股票，亏损平均为41%。相比之下，价值型股票更有可能保持或接近价值型市盈率的范围。

— 与大公司相比，小公司更有可能从魅力型分类变动至价值型分类。换句话说，小型高估值公司的股价更有可能大幅下跌，从高估值回归到合理估值。这类股票最有可能被散户投资者主导，因此更可能表现出行为偏见。此外，这类股票也最难被套利者做空，导致股价难以回归。

— 严重亏损分类中的股票平均回报率表现不错，但回报率的中位数很差，与魅力型和价值型分类相比回报率标准差达到两倍。严重亏损股票能否带来良好的回报率取决于企业能否扭亏为盈，或控制住严重亏损。然而每年，严重亏损公司有60%的可能被摘牌，或是继续维持严重亏损。

以上所有这些发现证明了安德森和扎斯塔维尼亚克的假设，即魅力型投资者会锚定至这类股票较高的市盈率，并忽视市盈率未来变化的可能性。

对于错误定价还有另一种解释，这与厌恶亏损的行为有关。

厌恶亏损

厌恶亏损是一种行为学倾向，即相比于收益，投资者对亏损更敏感（亏损给投资者心理造成的影响更强烈）。例如，1000美元亏损带来的痛苦要比1000美元收益带来的欣喜更明显。厌恶亏损的倾向意味着，只有可能收益超过均等收益率，普通人才会愿意参与均等机会下注。例如，除非可能得到的收益超过2：1，否则没有人会愿意去赌抛硬币。涉及的下注额越大，他们期望的可能收益就越高。相反情况也是如此：如果赌赢的概率较低，但赌输的亏损较小、收益较高，就像彩票一样，那么投资者也可以接受。在这种情况下，普通人会表现出对风险的偏好。正如我们在第二章中看到的，小市值成长型股票受到投资者的欢迎。

尼可拉斯·巴伯里斯和黄明在2001年的论文《心理账户、厌恶亏损以及个股回报》中作出解释，投资者对亏损的厌恶程度取决于近期他们是亏损还是盈利。作者指出："如果近期获得了盈利，那么亏损带来的痛苦就会减弱，因为亏损被此前的盈利抵消。"换句话说，如果投资者资金来自此前的投资收益，那么厌恶风险的倾向就会减弱。作者还表明："如果在此前亏损的基础上进一步亏损，那么痛苦就会比通常更强烈。在初次亏损之后，人们会对额外亏损更敏感。"

　　成长型股票大多近期表现良好，股价估值较高。因此，投资者不太会注意未来的亏损，因为这样的亏损将被近期收益所抵消。因此，他们给予成长型股票的风险溢价较低（即他们愿意接受更高风险）。这或许可以解释股价的动量效应（参见第四章），因为当前较低的风险溢价会推动股价上涨至更高水平，同时降低未来的预期回报。另一方面，价值型股票近期表现较差，股价低迷。近期亏损的痛苦导致投资者认为，这些股票风险更高。因此他们上调了风险溢价，导致股价维持较低水平，提高了未来的预期回报率。

　　我们还想介绍另一种基于行为学的解释。正如在讨论小市值成长型股票异常时所说，许多投资者偏爱"彩票型"投资，即某种投资有较小的概率获得高额收益。投资者认为这种小概率很有吸引力，导致了正偏态型股票（小市值成长型股票）被高估。这也意味着，投资者获得的平均额外回报是负数。这类股票较差的回报率同样也反映在价值溢价之中。

　　以上讨论的行为学理论有助于解释为何价值溢价会如此之高，以至于超过了大部分金融经济学家认为的符合风险特征的水平。这也解释了为何异常模式不会消失——除非，投资者不再表现出人类的行为学特征。

对不同定义的稳健性

　　尽管最常用的价值指标是账面市值比，但也有其他指标可以区分便宜和贵的股票。如果账面市值比是可以反映价值溢价的唯一指标，我们就会怀疑价值溢价是否只是来自数据挖掘。实际情况并非如此。例如在美国，从1952年至2015年，基于账面市值比的年价值溢价为4.1％（t统计量[3]为2.4），基于现金流股价比为4.7％（t统计量为2.9），基于利润股价比为6.3％（t统计量

为3.4）。所以说，即使采用不同定义，价值溢价也不会消失。而除账面市值
比以外，基于其他定义的价值溢价更高。

还有其他证据可以证明价值溢价的稳健性。布兰德斯研究所发布的研究
报告《价值与魅力：长期全球视角》采用了从1980年1月至2014年6月发达市
场的数据。报告发现，无论采用什么指标，价值溢价基本相仿。基于账面市
值比指标，价值溢价为6.1％。基于利润股价比指标，价值溢价为7.3％。基于
现金流股价比指标，价值溢价为8.0％。此外，各类市值的公司都表现出价值
溢价（不过小市值股票表现出的价值溢价相对于大市值股票更明显）。而价
值溢价也出现在除美国以外的发达市场以及新兴市场（价值溢价的表现最明
显）中。这使我们确信，价值溢价并非随机性的结果。

总而言之，价值要素符合我们提出的所有标准，投资者可以考虑根据价
值要素去进行资产配置。

表3.2提供了到目前为止我们所讨论要素的数据总结。

表3.2 市场 β、规模和价值（1927—2015）

	市场 β	规模	价值
年溢价率（％）	8.3	3.3	4.8
夏普比率	0.40	0.24	0.34
1 年时间内跑赢的可能性（％）	66	59	63
3 年时间内跑赢的可能性（％）	76	66	72
5 年时间内跑赢的可能性（％）	82	70	78
10 年时间内跑赢的可能性（％）	90	77	86
20 年时间内跑赢的可能性（％）	96	86	94

接下来，我们将关注动量要素。如前所述，我们将根据预设标准对其进
行评估。

YOUR COMPLETE GUIDE TO
FACTOR-BASED INVESTING

第四章　动量要素

　　动量是一种趋势，即近期表现较好的资产更可能维持较好表现，反之亦然，至少在短期内如此。1997年，马克·卡哈特在论文《共同基金业绩的持续性》中首次使用动量，并结合法玛-弗兰奇三要素，即市场β、规模和价值，来解释共同基金的回报率。关于动量的最初研究来自纳拉希姆罕·杰加迪什和谢里丹·提特曼。他们于1993年发表论文《买入赢家和卖出输家的回报率：股市效率的启示》。

　　在这里，我们对动量的定义如下：不含最近一个月，过去12个月（即从12个月前到1个月前）的回报率。排除最近一个月是因为，这段时间更有可能出现趋势反转。有人认为，这是微结构效应或者说交易效应的结果。按照这种历史回报率来排序，用排名前30%的股票回报率减去排名后30%的股票回报率，即可得到动量要素。动量要素也被称为"UMD"，即"最上减去最下"。

动量要素的加入进一步强化了资产定价模型对回报率的解释能力。三要素模型解释了分散投资组合约90%的回报率差异。在加入动量要素后，可以解释的情况增加了约5%。因此，这种四要素模型成了金融学的主流模型，被用于在实践中分析和解释投资经理及其策略的业绩表现。从1927年至2015年，动量要素的年平均回报率为9.6%。

在开始分析之前，需要说明一点，学术界研究过两种不同类型的动量。第一种被称作截面动量。这正是杰加迪什、提特曼和卡哈特的研究对象，并被用在四要素模型中。截面动量衡量的是"相对"表现，即某种资产的回报率相对于同类别其他资产的回报率。因此对于给定的资产类别，截面动量策略的做法是做多表现相对较好的前30%的资产，做空表现相对最差的资产。即使所有资产的价格都在上涨，截面动量策略仍然会做空回报率最低的资产。

另一种类型的动量是时序动量。这也可以称作趋势追踪，即基于某种资产以往的表现来衡量其趋势。因此与横向动量不同，时序动量衡量单一资产的"绝对"表现。基于时序动量策略，我们需要做多价格上涨的资产，做空价格下降的资产。与截面动量不同，如果所有资产的价格都在上涨，那么就不应做空任何资产。

以下的讨论专注于截面动量要素。我们将在附录F中进一步分析时序动量。

持续性

从1927年到2015年，动量溢价比美国股票溢价更高，两者分别为9.6%和8.3%，同时也表现出更强的持续性。

表4.1 跑赢的概率（%）

	1 年	3 年	5 年	10 年	20 年
动量	73	86	91	97	100

值得一提的是，自杰加迪什和提特曼1993年论文发表以来，动量溢价已持续存在了超过20年。尽管低于从1927年至2015年的9.6%，但从1994年到2015年的动量溢价仍然高达6.3%。最后，动量溢价的夏普比率为0.61，在我们探讨的所有溢价中最高。第二高的夏普比率来自市场β溢价，为0.40，排第三的质量溢价夏普比率为0.38。

普适性

关于动量要素是否存在，溢价的规模和持续性提供了强有力的实证证据。除此之外，动量溢价的普适性也很明显。在2014年的白皮书《动量溢价的解释》中，托比亚斯·莫斯科维茨发现，除美国以外，动量溢价还出现在其他40个国家，覆盖十余种资产类别。克利福德·阿斯尼斯、托比亚斯·莫斯科维茨和拉塞·佩德森2013年的研究《全球各地的价值和动量》分析了8个不同市场和资产类别（包括美国、英国、欧洲大陆和日本的个股，以及各国股指期货、政府债券、货币和商品期货）的价值要素和动量要素。他们发现，动量溢价存在于所有资产类别和地区市场，尤其是在欧洲。而在除日本以外的所有地区，动量溢价的统计学意义都非常明显。

2012年的一篇论文《国际股票回报的规模、价值和动量》也提供了证据。尤金·法玛和肯尼斯·弗兰奇调查了从1989年11月至2011年3月23个市场的股票回报率。他们将这23个市场分成4个地区，分别为北美（包括美国和加拿大）、日本、亚太（包括澳大利亚、新西兰、香港、新加坡，但不包括日本），以及欧洲（包括奥地利、比利时、丹麦、芬兰、法国、德国、希腊、爱尔兰、意大利、荷兰、挪威、葡萄牙、西班牙、瑞典、瑞士和英国）。他们发现，动量的回报率在所有地区均非常强劲，只有日本是个例外。具体的溢价范围从北美的每月0.64％（t统计量为1.9）到欧洲的每月0.92％（t统计量为3.4）。作者还发现，尽管不同市值的分组都表现出动量溢价，但小市值股票，尤其是微型市值股票的动量溢价尤为明显。全球范围内动量溢价平均为每月0.62％（t统计量为2.3），其中小市值股票的动量溢价达到每月0.82％（t统计量为3.1），大市值股票的动量溢价为每月0.41％（t统计量为1.4）。不过在日本，无论是小市值股票还是大市值股票均未表现出动量溢价。这种例外可以简单地解释为概率的结果。此外在这段时期，日本市场的价值要素非常明显，而价值要素和动量要素通常呈负相关关系。克利福德·阿斯尼斯在2011年的论文《日本市场的动量：可以证明规则的例外》中对日本市场价值要素和动量要素的相互作用展开了详细研究。

2015年，克里斯托弗·格齐和米凯尔·萨莫诺夫发表了论文《全球多种资产动量的215年：1800—2014（证券、行业、货币、债券、大宗商品和股票）》。在所有相关论文中，这篇论文使用的数据所覆盖的时间范围最广。利用"全球金融数据库"以及来自彭博的额外数据，作者创建了可以回溯至1800年的庞大数据库。这其中包括47个国家的股指、48种货币（包括欧元）、43个政府债券指数、76种大宗商品、301个全球行业，以及34795只美国个股。他们发现，在这215年的历史上，6种资产类别（各国股票、货币、国债、大宗商品、全球行业以及美国个股）持续表现出动量回报。各国股票的动量（仅使用价格数据，因为较老的股息数据可能无法获得）多空利差最大，达到每月0.88%（t统计量为10.6）。以动量的总回报定义来看溢价略低，但仍有每月0.57%（t统计量为6.8）。动量溢价并列第二高的资产分别为货币和美国个股，为每月0.51%（t统计量分别为9.6和6.0）。全球行业的动量溢价为每月0.36%（t统计量为6.6），全球国债的动量溢价为每月0.13%（t统计量为 2.3）。这是已知时间范围最长的一项研究，明确证明了动量的持续性和普适性。

可投资性

尽管动量要素的发现已有很长时间，但仍有人会质疑动量策略在实际资金管理过程中是否真的能发挥作用，因为其带来的资产周转率可能会造成较高的额外交易成本。不过，投资者可以使用动量要素去判断，需要避开哪些资产，以及哪些资产可以持有更长时间，从而避免资产周转率上升。19世纪时的证券交易障碍很多，成本很高，但今天的市场流动性已经大幅提升。许多机构投资者都在使用动量要素。

安德里·弗拉奇尼、洛宁·伊斯莱尔和托比亚斯·莫斯科维茨在论文《关于资产定价异常的交易成本》中使用了从1998年至2011年19个发达股市中大型机构投资经理近1万亿美元的真实交易数据。他们分析了套利者的真实交易成本，并将交易成本考虑到动量策略中。以下是他们研究结果的要点：

－在实际操作中，交易成本已经降到足够低，因此利用这种策略的潜在资产规模要比以往研究所认为的大得多。这种现象出现的原因是，此前的研究只计算普通投资者的交易成本。然而对利用更复杂策略，例如算法交易程序的大规模套利者来说，实际成本只有1/10。

－用于降低交易成本的策略能明显提升回报净值和规模，同时不会引起明显的投资风格偏离。在这项研究中，机构投资经理自2009年7月以来一直采用单纯做多的动量指标。对于大市值、小市值和国际动量基金来说，实际产生的、价格造成影响的成本分别只有8.0、18.2和5.9个基点，与根据历史交易数据得出的估计一致，甚至略低。基于这些数据，作者估计，在美国股市中，规模、价值和动量要素多空策略的头寸分别为1030亿、830亿和520亿美元，在全球股市中分别为1560亿、1900亿和890亿美元。

弗拉奇尼、伊斯莱尔和莫斯科维茨得出结论认为，动量策略具备很好的稳健性、可配置性，也容易形成规模。我们还要指出，通过与价值要素等资产周转率较低的要素相结合，动量要素的配置会变得更容易。

关于动量的批判

关于动量要素，有一个问题长期以来困扰着投资者，单纯做多的投资者无法利用该要素，该要素只能运用在做空过程中。然而，做空交易的成本更高，因为如果希望做空，那么首先必须借入股票，而这将带来费用。但是，克利福德·阿斯尼斯、安德里·弗拉奇尼、洛宁·伊斯莱尔和托比亚斯·莫斯科维茨在2014年的论文《事实、虚构和动量投资》中指出，美国股票的动量溢价有略高于一半（52%）来自多方。他们还发现，没有证据表明，无论是在国际市场，还是在他们研究的5种资产类别中，空方主导了动量溢价。他们指出，即使做多操作很难利用动量溢价，但"对单纯做多的投资者来说，相对于股票在大盘中所占权重，减持某只股票类似于做空（不过局限在于，投资者最大的减持幅度只能达到股票在指数或市场中所占的权重）"。

阿斯尼斯、弗拉奇尼、伊斯莱尔和莫斯科维茨还研究了关于动量的第二个疑问，即动量只存在于交易成本更高的小市值股票中。他们发现，尽管有证据表明，动量溢价在小市值股票中更明显，但大市值股票同样表现出可见的动量溢价。从1927年至2013年，美国小市值股票的动量溢价为每年9.8%，而大市值股票为每年6.8%，两项数据都具有很强的统计学意义。国际市场的数据也与之类似。

我们还注意到2016年时的一项研究，即来自罗伯特·诺威-马克斯和米海尔·威利科夫的《异常及其交易成本的分类》。将交易成本估计在内，他们研究了23种市场异常的表现。此外，他们还研究了3种降低交易成本的策略。第一种策略将交易的股票限制在预期交易成本较低的品种内。第二种策略是降低资产调整频率（但这也意味着，作为策略基础的信号会无法及时更新）。作者指出，大型机构投资经理非常喜欢这种技术。例如，来自AQR资本管理公司的AQR动量指数专注于跟踪动量策略，同时控制交易成本。该指数每季度而非每月调整。第三种策略是通过引入买入/持有范围的概念来降低资产周转率，即持有未来不再买入的股票。德明信基金顾问公司及其他公司的小市值基金长期以来都在使用这种策略，MSCI指数目前也是如此。

基于不同策略的不同资产周转率，诺威-马克斯和威利科夫将23种异常分为3组，其多空双方的平均资产周转时间分别为不到1年1次、1年1到5次以及1年超过5次。中等周转率策略中包括动量策略、价值和动量相结合的策略，以及价值、动量和盈利能力相结合的策略。在所有这些异常中，他们发现，多空一方月周转率低于50%的策略大多能持续带来较强的盈利能力，至少在尝试降低交易成本的情况下如此。精心设计、基于动量策略的基金通常周转率远低于这一水平。例如，AQR大市值动量风格基金第一级（AMOMX）

和小市值动量风格基金第一级（ASMOX）年资产周转率约为80%。诺威–马克斯和威利科夫认为，精心设计的动量策略可以解决交易成本的问题。

总而言之，动量策略成功的关键并非简单地自动调整资产而不关注交易成本。有耐心地开展交易，例如拆分订单以及设置订单价格上限以确保流动性，同时允许理论风格的投资组合出现一定的追踪误差，可以极大地降低交易成本，提高策略规模，同时不会给策略的本质造成改变。

直观性

尽管有少数论文认为，动量溢价可以用风险来解释，但大部分学术研究都更倾向于行为学解释，即动量的存在是因为投资者对消息反应不足或反应过度。在论文《动量溢价的解释》中，耶鲁大学教授托比亚斯·莫斯科维茨指出："反应不足是由于信息逐渐作用于股价，从而引起了动量。例如，有大量证据证明，投资者对关于企业财报和股息的消息反应不足。而滞后的反应过度是由于，投资者对投资回报的追逐形成了反馈机制，导致股价偏离基本面，因此短期动量最终将会反转，在长期内造成股价的自我调整。"在2014年的论文《温水煮青蛙：持续信息和动量》中，大智、乌米特·古伦和米奇·瓦拉卡用"温水煮青蛙"作比喻，解释了动量现象。

根据"温水煮青蛙"的故事，如果将青蛙丢到开水里，那么青蛙将立刻跳出来，因为激烈的温度变化会导致刻不容缓的反应。相反地，如果将青蛙放在水温逐渐升高的锅里，那么青蛙的反应会很迟钝，并最终走向死亡。（需要指出，这个比喻实际上从科学上来说不准确。此外，本书在写作过程中也没有青蛙受到伤害。）有证据表明，人类对于一系列微小变化的反应与一项重大变化的反应明显不同，即使这一系列微小变化产生的影响总和与重大变化一样。例如，消费者对于物价多次小幅上涨与一次性大幅上涨的反应截然不同。因此，许多公司在涨价时通常都会选择逐步的小幅上涨，以免引起消费者的注意，而在降价时则会一次性大幅降价。这种行为可以用所谓的"有限注意力偏见"来解释。类似地，这种理论也可以解释，近期回报率极高的共同基金为何会吸引资金的大量流入。

有限注意力理论假定，注意力上限的存在导致投资者在一段时期内只能接受关于所有公司的一定量信息。例如，在财报密集发布之后的一段时间内，股价漂移会更明显，因为投资者被这段时间发布的大量信息弄得精疲力竭。所以，如果投资者对少量、持续信息的反应方式与同时接受大量信息时有所不同，那么就可以从行为学上去解释动量。

在之前提到的论文中，大智、古伦和瓦拉卡假定，对于与公司有关的信息，投资者的注意力上限较低，特别是对于持续、少量发布的信息会反应不足。以股价变化作为衡量持续信息的方式，他们发现，如果采取少量而持续的信息发布方式，那么动量利润可以持续8个月。而如果一次性发布所有信息，那么动量利润只能持续2个月。作者还发现，与假设一致，在接受少量而持续信息的情况下，证券分析师的预测更有可能出错。持续发布的信息很难吸引分析师关注，而这将影响资产价格，引发强劲而持续的动量。在6个月持有期中，持续发布信息股票的形成期内动量回报率为8.9%，而分散发布信息的股票动量回报率只有2.9%，而介于这两者之间的股票回报率呈现单调下降。最后，大量媒体报道和大量分析师关注分别对应于分散信息和持续信息，而管理层定期的信息披露对应于持续、良好的信息发布。换句话说，企业经理倾向于尽快发布较好的信息，推迟发布糟糕的信息。

另一种行为学解释基于"处置效应"。投资者通常会提前出售已经浮盈的投资，从而锁定盈利，并持有浮亏的投资，以期最终盈亏平衡。莫斯科维茨认为："处置效应造成了人为的逆势局面：在好消息公布时，资产价格不会立即上涨至真实价值，因为投资者会抓紧抛售，或不再买入。类似地，当坏消息宣布时，价格下跌也不会太严重，因为投资者拒绝出售。"

马库斯·巴尔泽、史蒂芬·詹克和艾萨德·斯迈尔贝格维奇也对动量及其引起的投资失败倾向进行了研究。在2015年的论文《谁在基于动量进行交易？》中，作者分析了从2006年至2012年德国股市（全球第七大股市）独特的股票持有信息数据。作者研究了在2008年至2009年金融危机之前、之中和之后，不同类型投资者的投资决策。通过观察市场整体的股票持有结构，他们试图判断，哪些投资者在基于动量要素进行交易，哪些投资者在进行反向交易。以下是他们研究结果的要点：

－ 动量交易者包括金融机构，尤其是共同基金和外国投资者（通常是机构投资者），而散户通常会进行反向交易。这项数据的置信水平为1%，具有统计学意义。

－ 如果分别关注绩优股和绩差股，那么动量交易通常出现在绩差股中。

－ 反向交易的程度与散户投资者的金融学深度呈负相关关系，而金融学深度可以通过投资者的平均金融财富和本土偏见来衡量。这两种指标在学术界很常用。投资者的金融学深度越深，反向交易行为就越不明显。换句话说，缺乏金融学深度会令投资者付出代价。

－ 在市场下行、波动性升高期间，动量交易的总体规模上升。

－ 如果分别关注绩优股和绩差股，那么在经济低迷时期，只有绩差股被更多地抛售。投资者买入绩优股的行为与商业周期、市场状态和波动性关系较小。

－前期活跃（出现上升）的动量交易意味着未来的动量利润下降。机构对绩差股的更多抛售表明了动量策略的反转。

作者指出，他们的结论与此前研究一致，即散户投资者往往表现出较强的反向操作趋势。他们表示："受处置效应影响的投资者，即散户投资者引起了价格扭曲，导致绩优股价格不能充分上涨，绩差股价格被高估。这样的趋势被理性投资者，包括机构投资者和国外投资者所利用。"理性投资者会尝试利用这种错误定价，但由于套利限制的存在，因此股价只会缓慢收敛，推动动量利润的上升。

作者还指出，此前的研究表明，"套利者会尝试利用其他投资者对消息的滞后反应。然而，市场中过多的动量交易将造成套利者的过度反应，导致价格偏离基本面，以及长期的回报率反转"。他们提供的证据表明，机构投资者对绩差股的额外抛售造成了2009年的动量反转，这与此前研究结论一致。巴尔泽、詹克和斯迈尔贝格维奇写道："尤其需要指出，我们发现，机构和国外投资者在经济低迷时期抛售绩差股将导致动量策略的反转。"他们得出结论："在市场下行、波动性升高期间，绩差股的动量交易会上升。这预示了未来的动量回报，并且有助于对不同时期动量利润的研究。"这与此前的研究结论一致，即动量策略的盈利能力会随时间变化，在波动性上升时期导致投资失败。这也是动量策略的不足之处。

所有这些解释都符合我们的直观看法。另一方面，基于风险的解释似乎违背直觉：在产生积极回报之后，资产的风险应该上升。不过，仍有多篇论文尝试从风险角度进行解释。莫斯科维茨在一篇论文中对风险解释进行了总结："过去的赢家未来面临的风险较大，这要么是因为它们的增长前景被认为更有风险，要么是因为它们比以往面临更大的市场 β 风险，因为它们的投资机会已经调整。无论是哪种情况，过去一年回报率大幅上升（下降）的公司将面临更高（更低）的资本成本，因为它们的现金流风险和/或风险敞口已上升（下降）。"

不过，1997年克利福德·阿斯尼斯曾在一篇论文中给出过动量要素基于风险的直观解释。这篇论文题为《价值和动量策略的互作用》，是他关于动量要素的博士课题的延续。[4]阿斯尼斯发现，在成长机会较好，现金流有风险的股票中，动量要素表现得更明显。这些股票面临的风险在于，实际增长可能无法达到预期，以及现金流表现令人失望。其他论文也发现，流动性风险至少可以部分解释动量现象。相对而言，近期表现较好的股票流动性风险更高，因此未来会出现回报率溢价。关于流动性风险还有另一种解释：遭遇资金大规模流出的共同基金会抛售投资资产，而资金大规模流入的共同基金可能会参与"粉饰门面"的活动，买入近期表现较好的股票。

随着价格上涨，风险会上升，这正是动量的具体表现。对此进行解释难度更大。然而，正如我们将在第八章中讨论的，行为学解释已经足够，因为人类行为通常都有很好的持续性，而套利者会面临限制，导致理性投资者难以修正错误定价。此外，在动量要素的公开发表，普通投资者意识到异常存在之后，动量溢价仍然会保持较高水平。

对不同定义的稳健性

判断动量最常用的指标是过去12个月（不包括最近一个月）的回报率，但也可以使用其他时间跨度，例如6个月或9个月的回报率，来研究动量溢价。使用其他指标，例如残余回报（在考虑其他要素之后），我们也可以看到动量效应。此外，其他所谓的"基本面动量"指标，例如利润动量、利润率变化和分析师预期变化，都表现出了动量溢价。

考虑到这些证据，我们认为，动量要素很明显满足据此进行资产配置的全部标准。不过在结束本章之前，关于如何配置多空动量策略，还有另一个重要问题有待讨论。

动量策略的配置

尽管在所有要素中，动量要素给投资者带来的风险调整后预期回报率最高，但动量要素也存在"阴暗面"：动量策略可能造成的亏损也最严重。根据年度数据，可以看到高额收益的代价是高达13％的额外峰度（即"肥尾"），以及−2.5％、很明显的左偏斜。这就是说，与回报率大于平均值的概率相比，回报率小于平均值的概率较低，但幅度会更大。动量策略的这两种特征意味着，投资者可能会蒙受严重亏损。换句话，动量回报带来的"免费午餐"可能会迅速变为"自由落体"，导致投资者过去几年的额外回报很快损失殆尽。因此，对强烈厌恶风险的投资者来说，这种策略没有吸引力（这也是关于动量为何存在的风险解释）。值得指出的是，动量策略引发的高额亏损更可能发生在趋势反转期间，例如从2009年3月开始的一段时间。如果发生趋势反转，那么市场将从严重亏损中大幅反弹，低动量股票会带来最高的收益。尽管高动量股票也有会上涨，但收益要小很多。因此，单纯做多的动量策略不太容易失败，而多空动量策略更容易出问题。

佩德罗·巴罗索和佩德罗·桑塔–克拉拉于2015年发表论文《动量自有

其时机》。论文指出，动量风险在不同时期差别不同，这是可以预测的。他们发现，动量可预测性的主要原因并不是系统性风险，而是随时间变化的个体风险。尽管回报率很难预测，但波动性的预测没有这么难。原因在于，本月波动性提供的信息可以应用于下月，因此波动性可以成为有效的风险管理输入信息，降低多空动量策略失败的风险。

我们可以通过不断调整动量敞口来降低失败的风险。作者发现，如果基于此前6个月日回报率的变化对动量敞口进行调节，那么这种根据风险来管理的动量策略能实现更高的累计回报，同时风险较低。这种灵活的动量策略权重随时间变化，从0.13至2.00不等。其中最低值发生在30年代初、2000—2002年，以及2008—2009年。平均来看，权重为0.90，略低于完全敞口。巴罗索和桑塔-克拉拉认为："根据风险来管理的动量策略只依赖于事前信息。因此，策略可以实时配置。"他们介绍了，如何对策略规模进行调节，从而降低失败风险，包括降低峰度和左偏斜。这种风险管理的好处在市场动荡时期尤为明显。作者指出："根据风险来管理的策略不存在可变的持续风险，因此风险管理确实有效。"

通过跟踪市场波动，多空动量策略会在市场波动明显时减少投入的资金，降低杠杆，并在市场波动不明显时投入更多资金，增加杠杆。根据以往经验，这种方法可以抑制资产价格的波动，同时不会对收益率造成负面影响。AQR资本管理公司在风格溢价替代基金第一级（QSPIZ）中就采用了这种跟踪波动性的方法。

尽管许多投资者认为，严重亏损会导致市场波动性上升（在这种情况下，跟踪波动性的策略会在股价下跌之后出售股票），但AQR的研究表明，根据以往经验，实际情况并非如此。实际上，相反情况出现的可能性更大，即市场波动性上升通常会提前于股价大幅下跌。AQR选择了从2000年至2011年不同资产类别的70多种投资，分析了相对于持续的名义持有，持续跟踪波动性的策略（使用滚动的21天波动性指标）如何改变风险和投资业绩。他们发现，峰度在80%的情况下会降低。此外在70%的情况下，夏普比率都会上升，所有资产的平均值从0.32上升至0.40。

此外，通过降低严重亏损的风险，跟踪波动性的策略有助于增强投资者的纪律性，降低投资者放弃交易计划、陷入恐慌抛售的可能性。

2016年，丹尼斯·查韦斯的论文《特别的动量：美国和国际市场的证据》介绍了另一种降低动量策略失败的方法。他利用回归方法扣除了来自市场β的溢价，重新定义了一种降低波动性的动量。他的研究样本覆盖了21个国家和美国。有趣的是，这种新定义的动量也适用于日本。正如此前所说，传统的动量定义在日本市场效果不好。桥路小市值动量基金第N级（BRSMX）就利用了类似方法，对风险进行调节。

我们还想来看下最后一个问题。基于不同要素的分散投资是降低动量策略失败风险的好办法。例如，由于动量和价值呈负相关关系，因此将动量要素结合至价值导向型投资组合会极为有效。不幸的是，许多投资者会不自觉地倾向于关注单一策略，或是以孤立方式来看待各个要素。但实际上，一种策略最重要的是对投资组合整体的影响。我们将在第九章中详细讨论这个问题，即如何综合运用多种要素。

表4.2提供了到目前为止我们所讨论要素的数据总结。

表 4.2　市场 β、规模、价值和动量（1927—2015）

	市场 β	规模	价值	动量
年溢价率（%）	8.3	3.3	4.8	9.6
夏普比率	0.40	0.24	0.34	0.61

续表

	市场 β	规模	价值	动量
1 年时间内跑赢可能性（%）	66	59	63	73
3 年时间内跑赢的可能性（%）	76	66	72	86
5 年时间内跑赢的可能性（%）	82	70	78	91
10 年时间内跑赢可能性（%）	90	77	86	97
20 年时间内跑赢的可能性（%）	96	86	94	100

接下来，我们将转向与此相关并且近期刚刚被"发现"的盈利能力和质量要素，并用我们的标准对其进行评价。

YOUR COMPLETE GUIDE TO
FACTOR-BASED INVESTING

第五章　盈利能力和质量要素

如上文所述，马克·卡哈特1997年发表的论文《关于共同基金表现的持续性》提出了四要素模型，在市场β、规模和价值的基础上加入了动量要素。这成了金融行业实际运用的主流模型。接下来的另一项重要贡献来自罗伯特·诺威-马克斯。他于2013年发表的论文《价值的另一面：毛盈利能力溢价》不仅给投资者提供了关于股票回报截面的新视角，还进一步解释了沃伦·巴菲特取得惊人业绩的原因。

诺威-马克斯的研究基于2006年的一篇论文《盈利能力、投资和平均回报》，作者为尤金·法玛和肯尼斯·弗兰奇。他们证明了，在对账面市值比和投资因素进行控制后，以利润来看盈利能力强的公司会带来较高的回报。与其他要素的情况类似，本杰明·格雷厄姆和大卫·多德等实践者运用盈利能力要素已有几十年时间。诺威-马克斯的工作研究了毛利率，即销售额减去售出商品成本，时间跨度为1962年至2010年。以下是他论文的要点：

－以毛利润占资产的比例来衡量，盈利能力在预测平均回报率时与账面市值比（一种衡量价值的方式）有同样的效果。

－令人惊讶的是，盈利的公司相对于不盈利的公司明显带来了更高的回报，尽管这些公司的估值比率同样较高（例如表现为较高的市净率）。

－盈利的公司通常是成长型公司，这意味着它们的扩张相对较快。毛盈利能力是预测未来增长，以及利润、自由现金流和股息的重要指标。

－盈利能力最强的公司平均每月带来的回报率要比盈利能力最弱的公司高0.31%。这一数据具有统计学意义，t统计量为2.49。

－以法玛-弗兰奇三要素模型来看，异常回报（α），即盈利的公司与不盈利的公司回报率差额为每月0.52%，t统计量为4.49。

－这些回报率数据具有经济学意义，即使市值最大、流动性最强的股票也是如此。

－在预测回报截面方面，相较于以利润为基础的盈利能力指标，毛盈利能力指标的预测能力更强。

－高资产周转率（具体定义为销售额除以资产，这是一种衡量运营效率的会计指标）驱使盈利的公司带来更高的平均回报。较高的毛利率是"良性增长"股票的重要特征。

－对盈利能力指标进行控制后，我们可以极大地优化价值策略的表现，尤其是在市值最大、流动性最强的公司中。对账面市值比进行控制后，我们可以提高盈利能力策略的表现。

－尽管盈利能力更强的成长型公司通常要比盈利能力较弱的成长型公司规模更大，但盈利能力更强的价值型公司比盈利能力较弱的价值型公司规模偏小。

－基于毛盈利能力的策略能带来类似价值策略的额外回报率，即使这从本质上来看是种成长型策略。

－由于毛利润资产比率与账面市值比都表现出高度的持续性，因此盈利能力策略和价值策略带来的周转率都相对较低。

－基于盈利能力的策略是成长型策略，因此可以很好地对冲价值型策略。在价值型策略的基础上加入盈利能力要素有助于降低策略整体的波动性。

以上最后一点实际上是价值策略配置的一种方式。盈利能力策略和价值策略带来的月平均回报率分别为0.31％和0.41％，标准差分别为2.94％和3.27％。然而，如果同时使用两种策略，那么投资者将可以同时获得两方面的回报，即每月0.71％，同时波动性风险不会出现上升。尽管多空头寸将达到单独策略的两倍，但混合型策略的月标准差只有2.89％，因为在样本中，两种策略回报率的相关性为－0.57。尽管两种要素都可以带来回报，但负相关关系意味着，两种要素通常会在不同时期发挥作用，从而确保波动性较低。混合型策略月平均回报率的t统计量为5.87，已实现的年夏普比率为0.85，达到市场总体夏普比率0.34的2.5倍。

为了进一步证明，两种策略可以很好地配合，我们可以思考以下情况：尽管盈利能力策略和价值策略在完整样本周期中都有良好的表现，但两者都在某些阶段造成了亏损。从1970年代中期到1980年代初，以及2000年代中期，盈利能力策略的表现很差。价值策略表现较差的时期为1990年代。然而，当价值策略表现较差时，盈利能力策略通常表现较好，反之亦然。因此，混合配置的盈利能力/价值策略从不会在5年的时间周期中出现亏损。

雷伊·鲍尔、约瑟夫·格拉科斯、朱哈尼·林奈马和瓦莱利·尼克莱夫于2016年发表论文《股票回报中的收益、现金流和运营利润率》，提供了关于盈利能力要素更多、更重要的信息。他们观察到，盈利能力包括应计项目（这是会计为衡量利润对运营现金流所做的调整）在与现金流指标合并使用的情况下可以更好地衡量当期表现。这种经过优化的指标能发挥更大的作用。原因在于，如研究所示，应计项目和预期回报之间存在强负相关关系。这种关系被称作"应计异常"。之所以称作异常是因为当前没有一种要素模型可以给予解释。论文的数据来自1963年7月至2013年12月。以下是研究结果的要点：

　　–扣除会计上的应计调整后，基于现金的运营盈利能力指标要好于其他盈利能力指标，包括以运营利润率（包含应计项目在内）、毛利润率和净利润率为基础的盈利能力指标。

　　–基于现金的运营盈利能力指标带来的平均年回报率为4.8%，高于运营利润率的3.5%。两者的t统计量分别为6.3和4.0。

　　–单纯来自应计项目的盈利能力提升与预期回报截面之间没有任何关系。

　　–基于现金的运营盈利能力指标能很好地解释预期回报截面，这是由于应计异常被考虑在内。在建立投资组合时，单纯基于现金的运营盈利能力策略要比包含应计项目在内的盈利能力策略更有优势。

　　–基于现金的运营盈利能力指标可以解释最长未来10年的预期回报。这表明，这样的异常并非由于来自最初利润的定价错误，或是其两大元素——现金流和应计项目。

　　鲍尔及其同事得出结论称："在结合考虑的情况下，我们的发现为应计异常提供了简单而有说服力的解释。当前应计项目较高的公司未来的回报率较低，这是因为，基于现金来看它们的盈利能力较弱。"

正如之前所说，由于所有要素都是多空投资组合，盈利能力要素的计算方式是用盈利能力前30％公司的年平均回报率减去盈利能力后30％公司的年平均回报率。这在学术界被称作RMW，即"强劲减去疲软"。

持续性

再次说明，盈利能力的定义是用营收减去售出商品成本。从1927年至2015年，盈利能力最强的公司年平均回报率要比盈利能力最弱的公司高3.1％。表5.1显示了在这一期间盈利能力溢价的持续性。

表5.1 跑赢的概率（％）

	1 年	3 年	5 年	10 年	20 年
盈利能力	63	72	77	85	93

盈利能力溢价的夏普比率为0.33，在我们关注的所有溢价中排名倒数第三。

普适性

在2013年的研究中，诺威–马克斯在国际市场上检验了盈利能力策略，得出了类似结论。这表明，盈利能力溢价具有普适性。这项研究使用的数据来自1990年7月至2009年10月，包含了以下主要的发达市场：澳大利亚、奥地利、比利时、加拿大、丹麦、芬兰、法国、德国、英国、香港、意大利、日本、荷兰、新西兰、挪威、新加坡、西班牙、瑞典和瑞士。

作为进一步的证据，德明信基金顾问公司于2015年发布研究报告《欧洲股票回报率的维度》，覆盖了15个欧洲市场从1982年至2014年33年时间的数据。报告发现，欧洲的年平均盈利能力溢价为3.6%，在15个国家中有11个超过2%。在比利时和芬兰，该溢价为负数。这再次证明了分散投资带来的帮助。在这一期间，美国市场的盈利能力溢价为4.4%。

2013年，玛沙·戈登发布研究报告《新兴市场的盈利能力溢价》。在这份报告中，我们看到了新兴市场的盈利能力溢价数据。这项研究的数据来自1998年1月至2013年9月。研究发现，平均加权策略，即做多高净资产收益率（ROE），做空低净资产收益率的策略，年回报率能达到5.1%，统计信心水平为10%（t统计量为1.7）。需要指出，新兴市场数据的历史相对较短，因此很难带来较高的t统计量。如果用已投资资本收益率（ROIC）来分析，那么年溢价为3.6%，t统计量为1.2。以毛利润（营收减去销售商品的成本）来看，溢价的统计信心水平为9.0%（t统计量为2.79）。这样的结果与美国市场类似，即毛利润的效果要好于净资产收益率和已投资资本收益率。在这一期间，新兴市场的股票溢价为6.7%。因此，我们有三种盈利能力指标，分别为净资产收益率、已投资资本收益率和毛利润。这三种指标在新兴市场都能带来较高的溢价，不过只有最后一个才能提供5%的统计信心水平。尤其是在基于毛利润的情况下，盈利能力溢价要比股票溢价更高。研究表明，毛利润可能是衡量质量的最佳指标（我们稍后将在本章中展开讨论）。

直观性

对于盈利能力溢价，学术研究同时提供了基于风险的解释和行为学解释。对于基于风险的解释，有一个问题在于，直观来看，相对于不盈利的公司，盈利能力强的公司运营杠杆更低，不太容易出问题。因此这些公司的风险较小。另一方面，盈利能力强的公司通常是成长型公司，这些公司的现金流更可能来自远期。然而，远期现金流不确定性更大，因此需要获得风险溢价。另一种基于风险的解释是，更强的盈利能力可以吸引更多竞争，从而影响公司的利润率，导致未来的现金流出现不确定性。这样的情况也带来了更高的风险，并需要获得风险溢价。

瑞安·刘2015年发表论文《盈利能力溢价：风险还是定价错误？》，得出了与此前研究一致的结论。他发现，从1963年7月至2013年，盈利的公司表现持续好于未盈利的公司（在他的样本中，这样的年份达到73%）。与此同时，回报率的波动性也较低，从而带来了更高的夏普比率。

尽管盈利的公司能带来更高的无条件回报率，但如果在经济低迷时期回报率最低，那么这样的公司仍然可能被投资者敬而远之。投资者通常最关心经济低迷时期的回报率。在这样的时期中，财富的边际效应最高。然而瑞安·刘发现，在经济下行期间，盈利能力溢价还会更高。在经济低迷时期，盈利的公司表现要比不盈利的公司更好。正如上文所说，这时边际效应（收入或财富增量带来的帮助）最高。因此，盈利的公司更不容易受到不利宏观经济环境的影响。在经济衰退、股市低迷期间，盈利能力溢价就变得更高。

瑞安·刘发现，盈利能力最差的公司最大的年跌幅为74%，几乎比盈利能力最强的公司高出30%。他认为，这些证据表明，很难用风险去解释盈利能力溢价。相反，这种溢价与涉及投资者预期的持续行为错误密切相关。

他随后研究了错误定价假设。在以盈利能力排序的投资组合中，他特别研究了卖方分析师[5]的盈利预期与实际利润之间的差异。如果未盈利公司较低的回报率是由于投资者对企业未来业绩过于乐观，那么预期和实际利润之间的差异（即预期错误）在未盈利公司中应当非常明显。按照盈利能力对上市公司进行10分位，随着盈利能力从低到高，上述差异出现单调递减。对于未盈利公司，这种预期错误不仅很明显，持续时间也长达5年。对这些数据的分析令他认为，在投资者的预期中，盈利公司均值回归的速度将会比实际更快。与此同时，尽管未盈利公司的净利润较低，当前表现较差，但投资者仍愿意相信，这种公司即将复苏。

在一定程度上，这与经典的魅力理论不同。根据经典魅力理论，由于消息面利好以及良好的近期表现，天真的投资者会对当前表现较好的股票过于乐观，导致魅力型股票的股价高估。然而根据瑞安·刘的理论，投资者的过度乐观来自未盈利公司完成均值回归的潜力，而这类公司通常是新成立、规模较小、处于困境中的公司。因此，这类股票更可能被高估。由于套利限制的存在，以及做空的成本和风险，因此估值过高相对于估值过低更难被修正。

瑞安·刘的发现与2016年的论文《"质量型"股票的额外回报：行为异常》相吻合。这篇论文的作者是让-菲利普·布洽德、西利伯蒂·斯蒂法诺、奥古斯汀·兰迪尔、桂奥姆·西蒙和大卫·塞斯马尔。他们介绍了可能的风险解释。例如，只有可能带来更高的盈利能力，企业才会选择风险更高的项目。然而他们也指出，"根据众所周知的风险溢价策略，承担更明显的负偏态风险能给投资者带来回报。然而，质量策略实际上表现出正偏态，且严重失败的可能性很小。"

作者随后研究了行为学解释。利用分析师对股价的预测，他们分析了在采用不同盈利能力指标的情况下，错误有何不同。他们证实，整体来看分析师会过于乐观，而这种情况已经被广泛承认。然而，一家公司的盈利能力越强，分析师的乐观程度就越弱。他们发现，"分析师很明显低估了运营现金流指标。尽管运营现金流可以有力地预测未来的回报率，但他们似乎并没有给予该指标足够的权重。这样的结果表明，质量异常的产生很可能是由于质量指标在股价预测中被严重低估。"

埃里克·林、王树静和约翰·魏于2016年发表论文《盈利能力溢价：宏观经济风险还是预期错误？》。论文关注了盈利能力溢价的两种不同解释：基于宏观经济风险的理性解释以及归因于投资者预期的错误定价解释。衡量宏观经济风险的指标与工业生产、通胀率、期限溢价和违约风险相关。衡量预期错误的指标基于投资情绪指数，其中包括封闭式基金的平均折扣率、首次公开招股的数量和首日回报率、纽约股票交易所的换手率、新发行股票的总数以及股息溢价（发放股息的股票与不发放股息的股票平均账面市值比差异的自然对数）。作者发现，两种解释都在一定程度上有效。宏观经济风险可以解释约1/3的盈利能力溢价，而其余部分可以用来自投资者情绪的错误定价来解释。他们的发现与王慧君和于建峰类似，后者于2013年发表论文《盈利能力溢价详解》，分析了股票的净资产收益率。

在对行为学解释的研究过程中，他们假设，如果盈利能力溢价可以成比例地反映错误定价，那么更难套利、信息不确定性更严重的公司盈利能力溢价会更高。换句话说，不确定性水平越高，我们就越有可能看到，投资者的过度信心反映至股价。而如果套利限制更多，那么错误定价就更有可能持续存在。此外，如果信息的不确定性上升，那么心理学偏见就会变得严重，投资者之间的信息就会更不对称，从而给错误定价带来更大的空间。利用学术界关于套利和信息不确定性限制的标准，作者发现，更难套利或信息不确定性更明显的公司盈利能力溢价更强。他们的具体发现如下：

– 对于信息不确定性较弱、容易套利的公司，盈利能力溢价不太明显，或只有略微的表现。

－ 某些公司的盈利能力溢价每月高出约1%。这样的公司具备如下特点：小市值、回报率波动性较高、现金流波动性较高、分析师关注较少、分析师预期的离差较大、机构持股比例较低、特殊回报波动性较高、资金交易量小、买卖价差很大、信用评级低、流动性不足明显以及成立时间较短。

－ 净资产回报率（衡量盈利能力的一种指标）溢价的绝大部分来自低净资产回报率的公司。这与我们的直觉一致：由于做空需要更高成本，因此对套利者来说，过高的定价比过低的定价更难修正。

－ 盈利能力溢价的出现并非由于事后的反应过度（例如，没有证据表明，这种溢价会出现长期反转），而是由于事前的反应不足。投资者对当前的盈利消息反应不足，因此盈利能力较强（较弱）的公司股价相对较低（较高）。

作者认为，盈利能力溢价得以持续是因为市场存在套利限制，导致错误定价很难被修正。大部分的盈利能力溢价来自定价错误解释，而非基于风险的理性解释。不过，这并不意味着盈利能力溢价终将消失。此前我们已经给出了有力的证据：自首篇关于动量溢价的论文发表以来，这种溢价已经持续了超过20年。

可投资性

盈利能力策略是一种资产周转率较低的策略，这种策略适用于不同市值的股票。采用单纯做多策略的共同基金会避免做空交易成本高、流动性不强、盈利能力低的小市值公司，这些公司的盈利能力溢价为负数。如此，投资者应该可以把握这样的溢价。在上面提到的论文《异常及其交易成本的分类》中，作者罗伯特·诺威–马克斯和米海尔·威利科夫发现，单纯做多策略情况确实如此，甚至多空投资组合也是如此。如果投资策略专注于使成本最小化，例如在采用基于算法程序的耐心交易策略时，溢价表现得尤为明显。

值得指出，研究表明，盈利能力策略是成长型策略，因此可以很好地对冲价值型策略。在价值型策略的基础上加入盈利能力策略可以降低整体的波动性。因此，利用这种策略的方式之一是将盈利能力考虑到价值型基金的建仓规则中。某些以研究为导向的公司，例如德明信基金顾问公司和AQR资本管理公司，常常会采取这样的做法。

对不同定义的稳健性

本章之前提到的来自诺威–马克斯、鲍尔及其同事的两篇论文研究了衡量盈利能力的多种指标，并得出了有利的结果。来自AQR资本管理公司的研究发现，三种不同盈利能力指标都可以带来盈利能力溢价。这三种指标分别为总利润与资产之比、总利润与营收之比以及自由现金流与资产之比。该公司使用这三种指标去计算盈利能力得分，决定在其混合风格基金中如何配置特定股票。

关于盈利能力溢价稳健性的另一个证明来自侯克伟、薛辰和张路。他们于2014年发表论文《理解异常：一种投资方法》，提出了一种新的四要素模型，可以解释法玛–弗兰奇三要素模型和卡哈特四要素模型（在三要素的基础上加入动量要素）不能解释的许多异常。在这种被称作"q要素"的新模型中，资产的预期回报率超过无风险利率的水平被描述为实际回报相对于四要素回报的敏感性。这四种要素分别为市场 β 、规模、投资（由低投资水平股票组成的投资组合相对于高投资水平股票组成的投资组合的回报率差异），以及盈利能力（由高净资产收益率股票组成的投资组合相对于低净资产收益率股票组成的投资组合的回报率差异）。使用净资产回报率作为盈利能力指标，他们发现，净资产回报率要素带来的平均回报率为每月0.60%，并具有统计学意义。

在下一步讨论之前，我们还将关注质量要素。质量要素与盈利能力要素有关，因为高质量公司的一大特征就是盈利能力更强。

质量要素

我们此前讨论的盈利能力要素可以被进一步拓展至更宽泛的质量要素，即高质量公司的回报率减去低质量公司的回报率。这其中涉及多种质量特征。高质量公司通常具备以下特点：利润的波动性较低、利润率较高、资产周转率较高（表明资产正在得到高效利用）、财务杠杆较低、运营杠杆较低（表明资产负债表强劲，受宏观经济风险的影响较小）以及个股风险较低（即无法用宏观经济活动来解释的波动性）。在历史上，具备这些特征的公司能带来较高的回报率，尤其是在市场下行期间。尤其需要指出，盈利、稳定、增长、股息率较高的高质量股票相对于特征相反的低质量股票表现更好。

质量要素也被称为"QMJ"，即"高质量减去垃圾"的英文缩写。从1927年至2015年，质量溢价的年平均回报率为3.8%。此外与价值溢价相比，质量溢价的持续性略好，但相对于市场β溢价的持续性略差。

表5.2 跑赢的概率（%）

	1 年	3 年	5 年	10 年	20 年
质量	65	75	80	89	96

质量溢价的夏普比率为0.38，高于盈利能力要素的0.33，非常接近市场β溢价的0.40。质量溢价的持续性和夏普比率高于盈利能力溢价，这并不奇怪，因为质量同时包含了盈利能力和其他特征。此外有趣的是，质量溢价与价值溢价一样，可以很好地解释巴菲特传奇般的成功。

对巴菲特所取得 α 的解释

传统观点总是认为，巴菲特的成功可以用他的选股能力和投资纪律性来解释：巴菲特有能力避免恐慌和狂热，而其他人做不到这点。然而，安德里·弗拉奇尼、大卫·卡比勒和拉塞·佩德森在2013年的论文《巴菲特的α》中提出了一种有趣的非传统解释。作者发现，除了伯克希尔-哈撒韦公司保险业务低成本杠杆带来的优势之外，巴菲特也会买入安全、廉价、高质量、大市值的股票。这项研究中最有趣的发现在于，不仅仅是巴菲特买入的股票，所有具备这些特征的股票通常都表现得较好。

换句话说，巴菲特的做法是建立对不同要素的敞口，而非选股能力。这是他成功的主要原因。弗拉奇尼和佩德森发现，一旦考虑所有要素，包括市场β、规模、价值、动量、对赌β（BAB，Betting Against Beta，一种做多低β资产，同时做空高β资产的策略）、质量和杠杆，就可以解释巴菲特投资业绩的很大一部分，而巴菲特所取得的α缺乏统计学意义[6]。他们还于2014年发表了论文《与β对赌》。

不过仍然需要指出，这项发现并非贬低巴菲特的成就。正如在简介中所说，当代金融学理论花了几十年时间才追上巴菲特，并发现他的秘诀。如果能率先发现跑赢市场的策略，那么就可以轻松摘到最甜美的果实，让你也可以像巴菲特一样买得起游艇。

回到正题，这项研究中的发现可以解释，为何巴菲特如此成功。很久之前，巴菲特的投资天才就已证明，要素发挥了作用。他在利用这些要素的同时从不恐慌性抛售，并坚持自己的原则。巴菲特本人在1994年伯克希尔-哈撒韦公司的年报中表示："本·格雷厄姆45年前就教会我，在投资过程中，没有必要去做特别的事情以获取特别的结果。"

近几年，利用久经考验的投资标准，巴菲特买入了更多国外公司的股份。因此，下面我们将展示关于质量要素普适性的证据。

普适性

马克斯·克兹洛夫和安提·佩塔基斯托于2013年发表论文《利润质量、价值和规模的全球回报率溢价》，利用时间距离更近、更广泛的全球数据集，分析了利润质量高的股票是否存在回报率溢价。这项研究关注了1988年7月至2012年6月发达市场的情况。高质量公司的定义为现金流相对于报告利润较高的公司，而低质量公司的定义为报告利润相对于现金流较高的公司。这种定义是质量要素的另一种表达形式。以下是他们研究结果的要点：

－ 相对于市场整体或专注价值型股票和小市值股票的类似策略，一种简单策略，即做多高利润质量股票做空低利润质量股票的策略，可以带来更高的夏普比率。

－价值溢价最高，为4.9%；其次是市场β溢价，为4.0%，质量溢价为2.8%。在这段时期中，规模要素带来的溢价为负数，为−0.5%。质量要素和价值要素带来的额外回报率具有统计学意义，t统计量分别为3.38和2.73，但市场β并非如此。

－市场β溢价的波动性最明显，年波动率达到16%。随后分别为规模要素和价值要素，年波动率分别为8%和9%。质量要素的波动性最低，年波动率只有4%。

－尽管市场β要素和价值要素带来了最高的溢价，但由于波动率也很高，因此最高的夏普比率0.69来自质量要素，随后是价值要素的0.56和市场β要素的0.25。

－大市值股票存在价值和质量倾向，其市值加权、单纯做多的简单策略平均每年跑赢市场整体3.9%，而小市值股票这一数字为5.8%。

－这样的结论同时适用于样本整体，以及自2005年以来的最近一段时间。

－由于全球利润质量投资组合与价值投资组合存在负相关关系，因此投资这两种要素的投资者可以获得明显的分散投资优势。将两种策略结合在一起可以带来更高的夏普比率。

克兹洛夫和佩塔基斯托也检验了对质量的不同定义方式，包括净资产回报率、现金流与资产之比，以及债务与资产之比（财务杠杆）等要素。较低的杠杆（无论是财务杠杆还是运营杠杆）会带来更稳定的利润，并减小对当前经济环境中财务状况的依赖。他们发现，无论采用哪种定义方式，抑或是混合使用这些方式，都可以带来类似的结果。

归纳以上证据，我们认为，盈利能力要素和质量要素符合我们提出的所有标准，可以根据这些要素来进行资产配置。

表5.3提供了到目前为止我们所讨论全部要素的数据总结。

表5.3 市场β、规模、价值、动量、盈利能力和质量（1927—2015）

	市场 β	规模	价值	动量	盈利能力	质量
年溢价率（%）	8.3	3.3	4.8	9.6	3.1	3.8
夏普比率	0.40	0.24	0.34	0.61	0.33	0.38
1 年时间内跑赢的可能性（%）	66	59	63	73	63	65
3 年时间内跑赢可能性（%）	76	66	72	86	72	75
5 年时间内跑赢的可能性（%）	82	70	78	91	77	80
10 年时间内跑赢的可能性（%）	90	77	86	97	85	89
20 年时间内跑赢的可能性（%）	96	86	94	100	93	96

下面，我们将把注意力转向债券市场和相应的期限要素。

YOUR COMPLETE GUIDE TO
FACTOR-BASED INVESTING

第六章　期限要素

与股票一样，学术界也为债券设计了资产定价模型。然而债券定价模型相对简单，因为我们只需要两种要素就可以解释绝大部分债券投资组合回报率的差异：期限风险（即久期）和违约风险（即信用）。某些金融经济学家将期限溢价称作"TERM"。

从1927年至2015年，期限溢价，即长期（20年期）美国政府债券的年平均回报率减去一个月期美国国债的年平均回报率，为2.5%。

持续性

期限溢价的持续性与价值溢价、盈利能力溢价和质量溢价类似，高于规模溢价，同时非常接近市场β溢价。表6.1显示了从1927年至2015年期限溢价的持续性。

表6.1 跑赢的概率（％）

	1 年	3 年	5 年	10 年	20 年
期限	64	74	80	88	95

期限溢价的夏普比率为0.25。除夏普比率0.24的规模溢价之外，这要低于我们已经讨论过的所有其他溢价。

普适性

尽管获得的数据时间范围相对较短，但我们也可以看到全球范围内期限溢价存在的证据。具体衡量方式是巴克莱全球国债指数和一个月期美国国债的年平均回报率差。从2001年至2015年，全球期限溢价为3.2％。

可投资性

美国政府债券市场是全球流动性最强的市场，因此交易成本非常低。

直观性

关于期限溢价，有一种基于风险的简单解释：由于需要接受预期之外的通胀风险（期限越长，风险越大），投资者就会存在期望溢价。此外，债券到期时间越长，波动性就会越大。

对不同定义的稳健性

如果定义是长期（20年期）美国政府债券与一个月期美国国债的年平均回报率差，那么期限溢价为2.5%。不过，无论选择什么样的债券到期时间，期限溢价都是存在的。此外，到期时间越长，溢价就越高。例如，以5年期美国国债作为基准，期限溢价为1.8%。

分散投资带来的优势

历史数据表明，期限要素与其他要素存在负相关关系，因此期限溢价可以给分散投资带来帮助。从1964年到2015年，期限要素与其他要素的相关性系数分别为：

市场β要素：0.12；规模要素：−0.12；价值要素：0.01；动量要素：0.08；盈利能力溢价：0.06；违约要素：−0.42。

总而言之，期限溢价符合我们设定的所有标准。

正如我们在本章开头所指出的，还有另一个要素可以解释债券的回报率，即违约要素。由于我们决定，将所有不建议用于资产组合建仓的要素都放入附录中，因此违约要素将在附录E中进行讨论。

YOUR COMPLETE GUIDE TO
FACTOR-BASED INVESTING

第七章　持有报酬要素

持有报酬溢价指的是，高收益率资产的回报率通常比低收益率资产更高。这与价值溢价类似。后者说的是，价格相对较低的资产回报率高于价格昂贵的资产。我们可以这样简单描述持有报酬：如果某项资产价格不变，投资者能够获得的回报（净财务收益）。持有报酬要素的典型应用在货币市场。具体来说，就是做多高利率国家的货币，做空低利率国家的货币。过去几十年，外汇的持有报酬已经众所周知，这是一种可以带来盈利的策略。然而，专注持有报酬的交易是种普遍现象，适用于多种资产类别。

在日本市场的个人投资中，持有报酬策略尤为盛行，典型案例就是传说中的渡边夫人。渡边夫人尝试申请低利率的日元贷款，随后买入高利率货币，例如澳元，从这样的利率差中获利。这种策略行之有效的前提是，借入的货币汇率稳定、贬值，或是升值幅度不超过利率差。然而，随着2007年金融危机的发生，日元被认为是避险货币，相对于美元的汇率上升了20％，相对于澳元则上升了47％。渡边夫人这样的散户投资者，以及大型机构投资者因此蒙受了严重损失。持有报酬策略就像是在面对潜在不可抗力时火中取栗。尽管从长期来看这种策略能带来盈利，但投资者必须清楚地认识到，他们可能会遭到不可抗力的碾压。

普适性

持有报酬可以定义为，资产价格不变情况下的预期回报率。资产价格不变可以是股价不变、汇率不变、债券收益率不变以及现货商品价格不变。因此对于股票，持有报酬交易的决定因素是股息率（做多高股息率股票，做空低股息率股票）。对于债券，决定因素是利率的期限结构（因此与期限溢价相关）。对于大宗商品，决定因素是展期收益（现货和期货之间的价格差异）。

拉尔夫·柯吉恩、托比亚斯·莫斯科维茨、拉塞·佩德森和艾佛特·维卢格特于2015年发表论文《持有报酬》。论文发现，持有报酬策略，即做多持有报酬高的资产，做空持有报酬低的资产，无论对于哪种资产类别都会带来较高的回报率，年夏普比率平均为0.7。而采用持有报酬策略，覆盖所有资产类别的分散投资组合夏普比率为1.2。他们还发现，持有报酬可以预测所有资产类别未来的回报率，但针对不同资产的预测能力各不相同。

持续性

表7.1显示了，股票、债券、大宗商品和货币持有报酬溢价的持续性。数

据来源是上文提到的论文《持有报酬》。需要指出，由于数据历史不同，因此不同资产类别的数据开始时间不同（对于所有资产类别，数据结束时间都是2012年）。

表7.1 持有报酬溢价

	全球股票	10 年期全球固定收益资产	大宗商品	货币
年溢价（%）	9.1	3.9	11.2	5.3
夏普比率	0.88	0.52	0.60	0.68
1 年时间内跑赢的可能性（%）	81	70	72	75
3 年时间内跑赢的可能性（%）	94	81	85	88
5 年时间内跑赢的可能性（%）	98	88	91	94
10 年时间内跑赢的可能性（%）	100	95	97	98
20 年时间内跑赢的可能性（%）	100	99	100	100
样本开始时间	1988 年 3 月	1983 年 11 月	1980 年 2 月	1983 年 11 月

对于这四类资产，无论采用什么样的时间跨度，持有报酬溢价的持续性都至少与我们到目前为止研究过的其他溢价相仿。此外，持有报酬溢价的夏普比率也处于最高水平（其他溢价最高的夏普比率，即动量溢价的夏普比率，为0.61）。

可投资性

持有报酬策略适用的市场都是全球范围内流动性最强的市场，包括货币市场、政府债券市场以及商品期货市场。在采取持有报酬策略时，投资者不应涉及交易量不大、流动性差的市场，例如小市值股票或新兴市场货币。由此，交易成本可以做到很低。重要的是，针对各类资产的持有报酬策略相关性很低。因此，基于持有报酬策略进行分散投资可以降低波动性，减少与交易相关的"肥尾"风险，例如本章开头所说的渡边夫人遇到的情况。最终结果是，尽管所有单一的持有报酬策略可能存在"肥尾"，但通过分散投资，覆盖所有资产类别，那么偏态将趋近于零。与分散的、被动管理的全球市场投资组合相比，"肥尾"也更不明显。此外，持有报酬策略可以用于海外股票投资，例如对冲外汇敞口。

直观性

我们可以用简单而直观的方法来解释持有报酬溢价。长期以来的观点认为，价格可以平衡不同市场之间的资本供需。高利率表明市场存在本地储蓄无法满足的资本需求，而低利率表明了额外的资本供给。传统经济学的"无抛补利率平价"（UIP）理论认为，以两种不同货币定价的相似金融资产应当有同样的预期回报率。利率差将会被货币的升值和贬值抵消，因此不同市场之间的投资回报率最终趋于一致。然而，大量经验证据与这种理论相冲突，引发了所谓的"无抛补利率平价之谜"。

这种异常的存在或许是由于不追求利润的市场参与者的存在，包括各国央行（它们可能会尝试应对资本流入流出带来的影响）以及企业对冲者（这些企业必须进行外汇换汇，从而在海外开展业务）。这从行为学上解释了货币市场和利率工具的效率低下现象。

持有报酬策略存在风险。在某些情况下，资本也会流入低利率的避风港。这从风险因素的角度简单解释了持有报酬溢价，即长期来看持有报酬溢价是为了弥补在经济低迷时期可能出现的损失。换句话说，在股市下跌时，升值的货币适合投资，因为这相当于一种应对股市下跌的"保险"。另一方面，在股市低迷情况下，贬值的货币可能会进一步威胁投资者的投资。因此，这种风险需要附带一定的溢价。在此基础上，我们来看看学术论文中给出的证明。

维多利亚·阿塔纳索夫和托马斯·尼特奇卡于2015年发表论文《外汇回报和系统性风险》。论文指出，"货币的平均回报率与其对股市资金面变化的敏感度之间存在密切关系。高远期贴水（即远期汇率远低于即期汇率）货币对股市资金面的反应更强烈，而低远期贴水货币更稳定。"

阿塔纳索夫和尼特奇卡解释："基本金融学理论认为，当本地股市遭遇与资本损失相关的不利资金面消息时，高远期贴水货币会贬值。同时，低远期贴水货币会升值。因此对股票持有者来说，高远期贴水货币风险更大，而投资低远期贴水货币可以带来对冲。"

作者发现，他们的模型"可以解释外汇投资组合平均回报率差异中的81%至87%"。他们认为："数据明显不支持外汇市场的免费午餐假设。我们认为，货币投资能否获得回报与股市未来股息支付相关的坏消息密切相关：高远期贴水货币承受的资金面风险要高于低远期贴水货币。"

马丁·勒塔乌、马特奥·麦吉奥利和迈克尔·韦伯于2014年发表论文《货币市场和其他资产类别中有条件的风险溢价》，也给出了关于持有报酬溢价的风险解释。他们使用的数据来自1974年1月至2010年3月，覆盖了50多种货币。作者发现，"尽管高利息货币相对于低利息货币有更高的β（对股市风险的敞口），但β的差异很小，不足以解释观察到的货币回报率差异"。然而，由于投资者表现出厌恶下跌风险的倾向，因此他们的研究也包含了下跌风险资产定价模型，即DR-CAPM。他们发现，下跌风险资产定价模型可以解释货币回报率的差异。尽管持有报酬策略与市场β的相关性为0.14，且具有统计学意义，但大部分的无条件相关来自行情下跌期间。将行情下跌作为前提条件，那么持有报酬策略与市场β之间的相关性上升至0.33。相比之下，在行情上涨时，相关性只有0.03。换句话说，当股市上涨时，持有报酬策略与股市状况基本无关。但在股市下跌时，持有报酬策略回报率的相关性明显上升，从而给投资者造成亏损。作者还发现，高利率货币与市场回报率之间的相关性是市场回报率的递减函数，而低利率货币情况刚好相反（在市场状况不佳时，投资者往往会考虑资产质量而投资低利率货币）。他们发现，下跌风险资产定价模型可以解释85%的回报率差异。

勒塔乌及其同事认为，"高利率货币相对于低利率货币能带来更高回报率的原因在于，它们与市场回报率之间的联动取决于市况低迷时期而非良好时期的情况。"他们还发现，下跌风险溢价不仅出现在货币中，也出现在股票、大宗商品和主权债券等其他资产类别中。他们的发现与标准的资产定价理论一致，即市况不佳时表现较差的资产应当获得风险溢价。

基于风险因素，以下的研究也得出了类似结论：

－夏洛特·克里斯蒂安森、安杰洛·兰纳尔多和保罗·索德林德2011年发表论文《持有报酬交易策略随时间变化的系统性风险》。论文指出，尽管持有报酬策略非常成功，但这种策略对股市的敞口很大，在外汇波动性较高的时期会出现均值回归。此外，在股市大幅下跌时，持有报酬策略很可能会造成崩盘，给投资者造成高额亏损（即所谓的"肥尾"）。

－卢西奥·萨尔诺、保罗·施奈德和克里斯蒂安·瓦格纳2012年发表论文《外汇风险溢价的特点》。他们发现，持有报酬随时间变化的额外回报同时补偿了货币风险和利率风险。金融和宏观经济因素是外汇风险溢价的重要原因，而预期的额外回报与投资者厌恶风险相关。这从投资者追逐质量和流动性的角度解释了持有报酬交易带来的风险溢价。作者认为，"外汇风险溢价是由全球基于经济直觉，对风险的认知和宏观经济因素驱动的。"

－哈诺·鲁斯提格、尼克拉·卢萨诺夫和阿德里安·韦德尔罕2011年发表论文《货币市场的一般风险要素》。论文也发现，持有报酬溢价与全球股市波动性的变化有关。在全球股市波动性升高时，高利率货币通常会贬值，低利率货币通常会升值。他们认为，股市波动性对持有报酬溢价的影响为负，并具有统计学意义。换句话说，如果投资高利率货币，借入低利率货币，那么美国投资者将承担更高的全球风险。

－卢卡·门科夫、卢西奥·萨尔诺、迈克·谢姆林和安德里斯·施里姆夫2012年发表论文《持有报酬交易和全球外汇市场的波动性》。他们发现，持有报酬交易带来的额外回报超过90％可以用汇率波动来解释。他们同时证明，这种额外回报是具有经济学意义的风险回报关系的结果。在波动性较高时期，低利率货币给投资者带来帮助：作为对不利市况的反应，这些货币的汇率会上升。因此，相对于其他被认为高风险的货币，这些"避风港"货币，例如瑞士法郎的风险溢价较低。

－上述提到的2015年论文《持有报酬》发现，孤立使用持有报酬策略会造成额外峰度（即"肥尾"）。在经济状况不佳，例如经济衰退或出现流动性危机时，这种策略会在更长时间里导致大幅下跌。然而也有一个例外，即对不同期限的美国国债采取持有报酬策略。相对于其他持有报酬策略，这种交易策略的流动性和波动性风险完全相反，因此可以作为对冲，降低持有报酬策略投资组合的风险。实际上，柯吉恩及其同事指出，如果将持有报酬策略应用于多种资产类别，那么投资组合的整体风险将会降低。这明确表明，分散投资可以带来更具吸引力的风险回报特征。

持有报酬策略的配置

关于如何建立投资组合，学术论文提供了很有价值的信息。

维尼尔·班萨里、约书亚·达维斯、马特·多尔斯腾和格雷厄姆·雷尼森于2015年发表了论文《多种场景的持有报酬和趋势》。论文研究了5个主要国家市场的4种类型资产（包括股票、债券、大宗商品和货币，总计20个数据集），样本取样周期为1960年至2014年。在每个市场，他们将资产分为4组：1.持有报酬为正，趋势为正；2.持有报酬为正，趋势为负；3.持有报酬为负，趋势为正；4.持有报酬为负，趋势为负。（我们将在附录F中讨论趋势追踪，即所谓的时序动量）他们的结果表明，"将正的持有报酬和正的趋势结合在一起，可以带来较高的风险调整后预期回报"。

他们在研究中提供的以下案例基于10年期美国国债的表现。这表明，在同时运用两项有利要素的情况下，投资业绩可以获得帮助。班萨里及其同事发现，"在整个样本中，平均每年额外回报率为2.9％。而在趋势和持有报酬均有利（例如为正数）的时期，平均每年额外回报率接近平均值的两倍，为5.2％。相比之下，当趋势和持有报酬都不利时，回报率为−4.2％。当趋势和持有报酬趋势一项有利、一项不利时，回报率处于中间，分别为1.6％和3.2％。"

作者还发现，这种现象出现在整个样本期中，包括从1960年至1982年利率上升的时期。特别是他们发现，单一的持有报酬策略无需任何前提条件即可预测回报率，而单一的趋势追踪策略同样能带来良好的表现，而如果同时采用这两项策略，那么效果将会更好。他们指出："结果很直观。除一个案例（德国债券期货）以外，与不利的持有报酬和不利的趋势相比，有利的持有报酬和有利的趋势可以带来明显更好的回报率。"

这些发现与安德鲁·克莱尔、詹姆斯·西顿、皮特·史密斯和史蒂芬·托马斯的发现一致。他们于2015年发表论文《外汇市场持有报酬和趋势追踪带来的回报》。论文研究了将持有报酬与趋势追踪结合运用的策略。他们的研究覆盖了39种货币对美元的汇率，时间范围为1981年1月至2012年12月。这项研究专注于市场流动性问题。在各类金融市场，流动性都被认为是风险来源之一。以下是他们研究结论的要点：

－以市场流动性为条件的股市β有助于确定货币回报率截面，并可以解释持有报酬策略所带来的额外回报。持有报酬策略带来了较高的负偏态回报，补偿了流动性下降所引发的更高市场风险。

－买入相对于美元持有报酬更高的货币，这种策略能带来正的平均回报。通过专注于持有报酬最高的货币，投资策略可以带来最高的平均回报和夏普比率。

－为了衡量持有报酬策略带来的回报率，按远期溢价（现货价格和期货价格的差异）将所有资产进行5分位，随后用最高1/5的平均回报率减去最低1/5的平均回报率，可以看到持有报酬策略的平均回报率为每月0.62％。

－趋势追踪（在趋势有利时建立做多头寸，在趋势不利时建立做空头寸或抛售）可以成功对冲持有报酬策略的风险。相对于单一持有报酬策略，这带来了高出一个数量级的平均回报率。这种现象尚未得到解释。基于4到12个月移动平均值（在一定时期内的平均股价）的结果也与此类似。

– 在结合趋势追踪之后，混合型策略带来的平均回报率远高于两种策略单独使用的情况。这种平均回报率的上升也附带其他有利的特征，包括较高的夏普比率和正偏态，以及相对于单一策略较小的最大跌幅。

对于投资组合的建立，这些研究表明，持有报酬和趋势追踪都与流动性相关，但在不同时期两者可以相互对冲。在趋势追踪策略造成较高亏损的情况下，持有报酬策略通常能带来较高的收益。反之亦然。因此，将两者相结合的混合型投资策略是分散投资的好办法。

此外，持有报酬要素与其他要素之间的相关性较低。在设计风格溢价基金时，AQR资本管理公司关注了多种资产类别持有报酬策略回报率的相关性。他们研究了全球股债60/40投资组合、证券、股票、债券、大宗商品、动量和价值的回报率。对于每种资产类别，他们都发现，持有报酬要素与其他要素的相关性较低。其中，与价值要素之间的相关系数最低，为–0.1，与其他3种要素的相关系数最高，为0.2。

在结束本章之前，关于持有报酬策略的配置，我们还要讨论另一个问题。克劳斯·格罗比斯和亚利–佩卡·海诺宁于2016年发表论文《外汇市场是否存在信贷风险异常？》。论文关注了主权信用评级与货币回报率之间可能的关联。

研究覆盖的时间范围取决于可用的信用评级历史数据。这个时间范围不长，为1998年1月至2010年12月。基于前一个月牛津经济研究院给出的主权信用评级，格罗比斯和海诺宁将39种样本货币分为3个投资组合。投资组合的设计方式是，做多信用评级最低的1/3货币，做空信用评级最高的1/3货币。他们的研究获得了令人惊讶的发现，要点如下：

－尽管持有报酬、波动性（做多高波动性资产，做空低波动性资产，参见附录D）和动量要素都能带来溢价，但信用策略带来的负溢价为每月0.30%。该数据具有统计学意义，信心水平为1%。

－对于按信用风险排序的投资组合，平均回报率会随着信用风险从低到高出现线性递减。这表明，较高的信用风险与较低的回报率相关。除回报率为负数以外，做多低信用质量、做空高信用质量的投资组合还表现出不同寻常的统计分布：即负偏态（−0.5）和额外的峰度（2.9），或者说"肥尾"。

格罗比斯和海诺宁认为："即使风险资产定价理论认为，高风险资产相对于低风险资产能带来较高的回报率，但我们的研究表明，信用风险较高的主权货币通常会伴随着较低的回报率。"这里的重要启示是，在配置持有报酬策略时，投资者应当考虑信用风险。例如，只有高质量主权信用评级的货币才适用于持有报酬策略，而投资者应当避免做多低质量主权信用评级的货币。这个结论再次证明，信用风险无法带来较好的回报（参见附录E）。

关于这些研究结果，有一点令人惊讶：尽管外汇市场与股票市场不同，在做空时不存在导致异常持续存在的限制，但异常仍然会出现。

总结本章中讨论的学术论文，可以看到，我们能够用风险去合理地解释持有报酬溢价。这也可以合理地解释利率平价之谜。

总而言之，持有报酬要素不仅满足所有预设标准，还有助于分散投资。

YOUR COMPLETE GUIDE TO
FACTOR-BASED INVESTING

第八章　要素的公开发表
是否会降低溢价幅度？

在之前几章中，我们介绍了金融研究发现的投资要素和证券回报率之间的关系。在此基础上，许多投资者可能都会关心，在研究成果发表后，这样的关系是否能长期存续。换种说法，如果所有人都知道要素的存在，那么投资者是否还能期待在样本期之外的要素溢价？在本书的简介中，我们提出了五大标准。只有满足这些标准，要素与投资回报之间的关系才能维持。这样的要素应当持续、普适、稳健、可投资，并具备符合逻辑、基于风险或行为学的解释。

关于为何这些要素的溢价可以持续，本书的一到七章提供了证据和解释。然而，结论中并没有涉及溢价的幅度。这就带来了问题：研究结果的发表是否会影响未来溢价的幅度？这个问题有两方面重要意义。

首先，如果异常是行为错误或者说是投资者倾向性的结果，而要素的发表能引起高级投资者的关注，那么要素发表后的套利活动完全可能导致溢价消失。投资者希望把握已被找出的要素，这将导致对该要素存在不同敞口的资产组合回报率差异迅速消失。然而，套利限制（例如对做空及其高成本的厌恶）可能会阻止套利者修正定价错误。研究表明，对于流动性不强、交易成本很高的股票，定价错误就很难被修正。

其次，即使溢价完全可以用经济风险来解释，但随着更多资金流入尝试利用这些溢价的基金，溢价的幅度也将受到影响。在要素发表之初，资本开始流入，驱动了价格上涨，带来更高的回报率。然而，这些更高的回报率只是暂时的，随后将逐渐降低。

我们将再次关注学术论文。保罗·卡鲁索、法比奥·莫内塔和塞里姆·托帕罗格鲁于2015年发表论文《异常被全面公开，机构启动相应交易，回报率随之降低》。论文帮助我们理解市场如何运转，以及如何随时间推移变得更高效，即市场适应性假说。他们假设："机构可以像套利者一样行事，修正异常带来的错误定价。然而前提条件是，它们知道异常存在，并且有充分的动机去根据这些信息操作，扮演套利者的角色。"

为了测试这种假设，卡鲁索及其同事研究了，对于14种被广泛记录的异常，机构投资者表现出了什么样的行为。需要指出，这些异常要么是此前章节中讨论过的要素的特定变种，要么就可以被这些要素解释。这14种异常如下：

1. 净股票发行：净股票发行与股票回报率负相关。有证据表明，聪明的企业管理层会在由情绪驱动的交易者将股价推涨至高估水平后发行股票。

2. 综合股票发行：以"综合股票发行"指标来看，发行者的股价表现差于未发行者。"综合股票发行"的定义是，用企业的总市值增长减去股票回报，其计算方式是从12个月市值增长中减去12个月的累计股票回报。

3. 应计项目：应计项目较高的企业平均回报率会异常偏低。投资者在形成盈利预期时倾向高估利润中应计项目的持续性。

4. 净运营资产：企业账目中所有运营资产和所有运营负债的差值及其占总资产的比重。这是股票长期回报率重要的反向预测指标。投资者通常专注于会计盈利能力，而忽略现金盈利能力的信息。关注净运营资产（类似运营利润和自由现金流之间的差值）有助于避免这样的偏见。

5. 资产增长：总资产增长的企业带来的回报率较低。关于资产扩张对业务前景的影响，投资者容易作出过度反应。

6. 投资与资产之比：企业以往较高的投资水平预示了未来异常偏低的回报率。

7. 企业经营问题：失败可能性较高的企业通常回报率较低。

8. 动量：较高（较低）的近期回报预示了较高（较低）的未来回报。

9. 毛盈利能力：盈利能力较强的公司有较高的预期回报率。

10. 资产回报率：盈利能力较强的公司有较高的预期回报率。

11. 账面市值比：账面市值比较高的公司有较高的预期回报率。

12. 奥尔森的O-得分：破产风险较高的股票回报率较低。

13. 财报发布后偏移：在发布利好财报后，股票的累计异常回报率将在几周（甚至几个月）时间内出现偏移。

14. 资本投资：如果企业增加资本投资，那么就会表现出根据基准调节后的负回报。

为了判断，投资者是否利用了这些异常，驱动股价回归有效水平，卡鲁索及其同事建立投资组合，做多预期回报率为正的股票，做空预期回报率为负的股票。他们的研究数据来自1982年1月至2014年6月。以下是研究结论的要点：

－无论是按年出现的异常还是按季度出现的异常，在最初的样本期内，利用这些异常去交易都可以带来盈利。对每种异常进行平均加权，以这种方式构建的投资组合，α为每季度1.54%。

－在信息公开发表之后的时间段内，原始回报率下降至平均1.05%，降幅为32%。基于法玛–弗兰奇三要素模型，14种异常中有9种出现了下降。

－在样本期、信息公开发表之前的时间段，机构投资者没有尝试利用这些股票回报率异常。

－在信息公开发表之后的时间段，机构在交易中利用了这些异常。持股总量的净变化，即做多头寸减去做空头寸的变化为正。

－将机构投资者分成对冲基金、共同基金和其他投资者，结果表明，对于以上现象，对冲基金的表现最明显，资产周转率较高的主动管理型共同基金也是如此。

－在信息发表后的投资组合中，机构交易和未来的异常回报之间表现出明显的负相关关系。在异常公开发表之后，机构交易在一定程度上导致了异常回报率的下降。

－在信息公开发表前的短暂时段内，对冲基金交易明显上升。这表明，在学术论文公开发表之前，对冲基金就知晓了异常的存在。具体途径很可能包括学术会议或社会科学研究网（即www.ssrn.com）上的论文。

卡鲁索及其同事认为："机构交易和异常信息的公开发表是套利过程的有机组成部分，有助于驱动价格回归至有效水平。"他们的发现表明，在确保市场效率的过程中，学术研究和作为套利者的对冲基金都扮演了重要角色。

这些发现符合大卫·麦克林恩和杰弗里·彭提夫2016年的论文《学术研究是否毁掉了股票回报率的可预测性？》。

麦克林恩和彭提夫重新研究了发表于一线学术期刊的97种要素。但他们只复现了其中85个要素的报告结果。由于多种原因，例如原始论文细节不完整或数据库变动，其余12种要素已不再有意义。他们也发现，在要素公开发表之后，平均回报下降了约32%（可以注意到，卡鲁索、莫内塔和托帕罗格鲁在论文中也得出了类似数据），但回报率并没有下降至0，仍为正数。

此外麦克林恩和彭提夫发现，对于要素投资组合中的股票，套利成本越高，要素发表后的价格下跌就越小。这与直观感受一致，即交易成本限制了套利，保护了定价错误。论文作者指出："如果不利因素导致套利无法完全修正定价错误，那么溢价就会下降，但不会消失。"他们还发现，"如果投资策略专注于套利成本更高的股票，那么在要素公开发表之后，这样的投资策略将会有较高的预期回报。套利者应当关注扣除成本之后回报率最高的策略。因此，结果符合我们的看法，即要素的发表将吸引高级投资者。"

从这项研究中，我们得出两点结论。首先，即使异常已经广为人知，也不会消失。正如麦克林恩和彭提夫所指出："回报率的可预测性不会完全消失，但要素发表后回报率的可预测性会发生变化。"其次，研究结果的发表导致，试图获得异常溢价的投资者投入更多资金，造成未来可实现回报的降低。然而我们注意到，如果存在符合逻辑的风险解释，那么溢价永不会消失。例如，即使市场β溢价已存在几十年时间，也没有人认为这样的溢价将消失。然而需要提醒投资者的是，不要默认未来的溢价会保持与历史记录同样的水平[7]。

之前的研究专注于美国的情况，那么国际市场的情况又会如何？海科·雅克布斯和塞巴斯蒂安·穆勒在2016年的论文《全球范围内的异常：一旦发表即不存在？》中给出了有趣的初步回答。他们的研究覆盖了39个股票市场中的183种异常，分析了异常公开发表前和发表后的可预测性。这些市场占全球股票市值的近60%，相关国家贡献了全球超过70%的GDP。数据涵盖1981年1月至2013年12月。

对于美国市场，他们的发现与麦克林恩和彭提夫类似，即要素公开发表后溢价出现下降。然而在38个国际市场，异常在公开发表后回报率并未表现出明显下降。实际上，他们发现，国际市场的异常回报率反而出现上升。以市值来计算权重，平均加权的月回报率从1981—1990年的34（28）个基点上升至2001—2013年的56（40）个基点。以下是他们研究结论的要点：

－在样本期内，平均来看，不同国际市场的多空异常回报与美国市场的规模类似。

－许多异常都是全球性现象，因此这些异常不太可能来自数据挖掘。这与我们强调的要素特性，即普适性相一致。

－在几乎所有国家，平均加权投资组合带来的回报率都要高于市值加权的投资组合。这与一般看法一致，即错误定价和套利限制在小市值股票中更明显。

－对于大部分国家，合并后多空回报率为具有统计学意义的正数，信心水平达到1%。

－以日历时间（例如时间趋势）和事件时间（例如公开发表带来的影响）的子周期来看，美国市场和国际市场有着明显差异。

雅克布斯和穆勒总结道，尽管他们的发现表明，美国市场存在明显为负的时间趋势，以及要素公开发表后更多的套利行为，但没有可靠的证据表明，在国际市场，异常的回报能力在套利行为的驱动下出现下降。此外论文作者发现，标准套利成本的差异"至少可以部分解释，要素公开发表之后回报率表现出的不同"。他们还研究了"美国和国际市场回报率变化巨大差异背后几种可能的机制"，但"无法完全解释这些结果"。他们的发现"与此前结论一致，即高级投资者从学术研究中知晓了错误定价现象，但这些投资者重点专注于美国市场"。他们最后还表示："我们的结果或许仍像个谜，需要进一步的理论和经验研究。"

毫无疑问，我们也很奇怪，为何美国市场和国际市场溢价的下降存在差异。这值得进一步研究。国际市场的情况应当与美国市场类似：我们可以看到，要素发表后，关注度上升，导致回报率下降。不过对投资者来说，至少可以认为，在要素发表之后，回报率不会消失。

接下来，我们看下此前几章讨论过的规模、价值和动量要素在公开发表前后的回报率变化。我们将证明，尽管出现下降，但回报率依然存在。我们没有将盈利能力/质量要素包含在内。关于这方面问题，直到最近才有相关论文发表。

1981年，罗尔福·班茨发表论文《普通股回报率和市值之间的关系》。论文发现，市场β没有解释，为何小市值股票的平均回报率更高。从1927年至1981年，规模溢价为每年4.7%。在论文发表后，从1982年至2015年，该溢价只有每年1.0%。如果说原因只是自班茨的论文发表以来，交易成本出现明显下降（固定佣金的消失促使成本大幅下降），那么溢价的下降也符合逻辑。此外，股价的十进制化导致买卖双方价差的缩小，而高频交易者的出现同样有利于缩小买卖价差。由于资产配置成本下降，投资者可以更容易地把握规模溢价。因此，该溢价的下降符合情理。在确定溢价的下降幅度之前，我们可以看看从1975年至1983年的9年间的数据。当时，规模溢价为13.8%，甚至略高于9.8%的市场β溢价。对小市值股票的追逐（某些人称其为"泡沫"）导致了估值高涨，造成未来回报率下降。实际上，从1984年至1990年，规模溢价为−7.1％。从1991年至2015年，该溢价再次变成正数，为2.5％。从2000年至2015年，该溢价为3.7％，仍低于规模要素公开发表之前的4.7％。

对于这些结论，图片或许比文字说明更直观。在图8.1中，我们展示了规模要素（SMB）10年滚动的年化回报率[8]。其中的上图显示了复合回报率，即投资者感受到的回报率。下图给出了算术平均数，这是大部分金融经济学家衡量要素溢价的方式。请注意到，尽管两张图中的数据有所不同，但一般来说这些数字是可比的。例如在上图中，我们的第一个数据点为从1927年至1936年的10年，当时规模要素的年平均复合回报率为5.5％。在下图中，同一时期数据的简单算数平均数为7.3％。在1981年要素公开发布之后，回报率下降很明显，但很快就出现反弹。实际上，在规模要素公开发表之后，溢价的整体情况与40年代中期至60年代没有太大不同。

1985年，巴尔·罗森博格、肯尼斯·雷德和罗纳德·兰斯腾发表了论文《关于市场低效有说服力的证据》。他们的研究发现，股票平均回报率与账面市值比（BtM）之间存在正相关关系。从1927年至1985年，价值溢价为每年5.8％。在要素公开发表之后，从1986年至2015年，溢价下降至每年2.8％。图8.2显示，在要素公开发表之后，某些时候溢价变成了负数。不过，与早期的溢价变化趋势相比，降幅是类似的。近期价值溢价表现不佳的时期主要是90年代互联网泡沫阶段，以及在2007年全球金融危机之后的时期。

1993年，纳拉斯姆罕·杰加迪什和谢利丹·提特曼发表了论文《买入市场赢家，卖出市场输家带来的回报率：股市效率的启示》。他们发现，从1927年至1993年，动量溢价为10.9％。在动量要素公开发表后，从1994年至

图8.1 规模溢价的回报率（1927—2015）

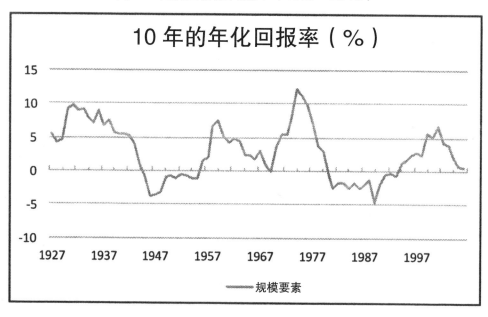

10 年的年化回报率（%）

规模要素

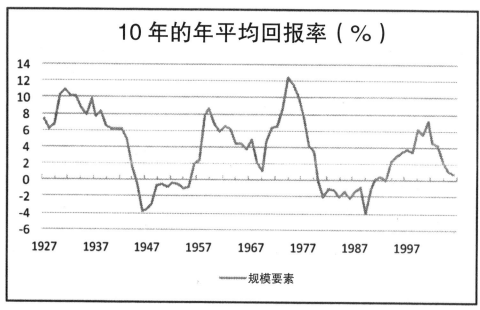

10 年的年平均回报率（%）

规模要素

图 8.2 账面市值比溢价的回报率（1927—2015）

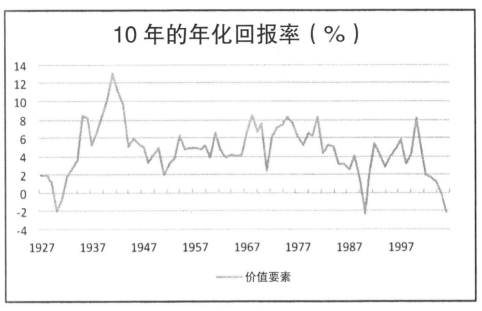

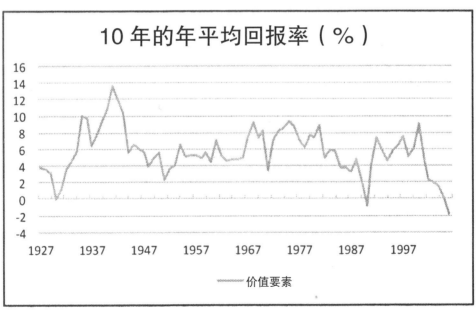

图 8.3 动量溢价的回报率（1927—2015）

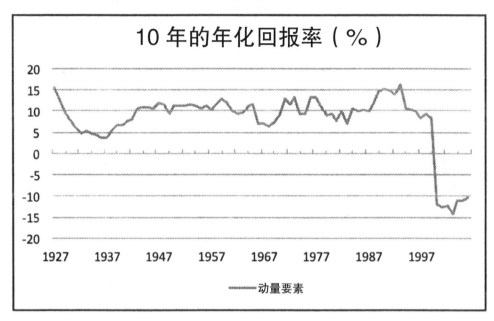

10 年的年化回报率（%）

动量要素

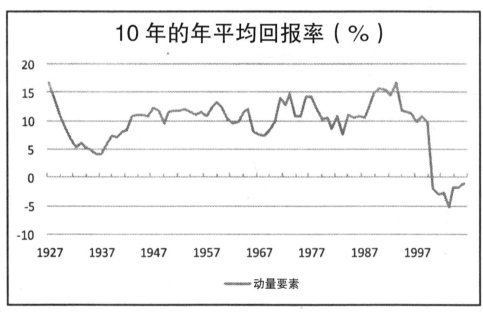

10 年的年平均回报率（%）

动量要素

2015年，动量溢价出现下降，只有5.5%。图8.3显示，在要素刚刚发表的短时间内，动量溢价表现良好，但随后出现大幅下降。其中，2009年的降幅为-82.9%，当时股市开始反弹，某些此前大跌的股票又出现大涨。正如此前所指出的，股市大跌风险给出了动量溢价为何存在的一种解释。

对于每种要素，我们都看到，在要素公开发表后，溢价出现了下降。然而，溢价并未消失。要素溢价的存在以及给分散投资带来的帮助，促使理性投资者在投资组合中考虑利用这些要素。

溢价的下降并不完全由于学术研究成果的发表。以下是关于为何美国股票风险溢价逐渐消失的其他解释：

－ 美国证券交易委员会（SEC）加强了对投资者的保护，降低了投资股票的风险，从而导致股票风险溢价逐渐下降。

－ 自"大萧条"以来，美联储对抗经济波动的能力已经得到证明。这降低了股票投资的风险，使更高的估值趋于合理。

－ 美国正在变得更富有。随着财富的增长，资本稀缺性下降。这导致更高的股票估值。

－ 在接受流动性风险时，投资者要求一定的溢价。因此，流动性差的投资通常表现好于流动性强的投资。在其他因素不变的情况下，投资者倾向于高流动性资产。因此，在持有流动性差的资产时，他们要求一定的风险溢价。然而近年来，以买卖价差形式存在的流动性成本逐渐下降。出现这种情况有多方面原因，包括股价的十进制化，以及高频交易者带来的高流动性。此外，佣金费用近年来也明显降低。

－ 某些金融工具的引入使投资者可以以间接方式买卖流动性差的资产，例如期货、指数基金和ETF基金，从而降低了投资者对流动性的敏感程度。

这些工具帮助投资者以间接方式持有流动性差的资产,同时维持极低的交易成本。借助这些市场创新,在其他因素不变的情况下,我们可以看到,投资者对股票风险溢价的需求出现下降。

这些因素表明,随着策略配置成本的降低,投资者可以获得毛溢价中的更多部分。流动性的增强,以及对投资者更好的保护,导致了溢价本身的下降。

塔伦·乔蒂亚、阿万尼达尔·苏布拉曼扬和佟庆于2014年发表论文《近期的高流动性及交易活动是否导致了资本市场异常减少》。论文研究了流动性增强对多种要素的影响。他们将2001年1月美国股市从分数报价改为十进制报价作为转折点,划分低流动性和高流动性时代,随后研究了这两个时代中12种要素或异常的回报率。这12种异常分别为规模、账面市值比、股票换手率、上月回报率、动量、阿米胡德非流动性测度、会计应计项目、资产增长率、股票发行、特质波动率、盈利能力以及预期外利润。其中的许多要素我们已在前面章节中进行过讨论。

作者发现,在股价十进制化后,12种要素或异常带来的额外回报率都出现了下降。对于其中5种要素,下降幅度有明显的统计学意义。他们还研究了套利者关注这些要素、股价十进制化以及高股票换手率带来的效应。套利者关注的具体形式包括对冲基金资产和做空头寸(用于做空,但尚未完成回补的股份数量)的增长。他们发现,流动性的增强,以及更频繁套利活动导致了这些策略额外回报率的下降。不过他们也指出,尽管回报率降低,但对于综合性的投资组合,策略仍具备统计学意义。

异常为何能持续存在？

正如我们此前所解释的，即使要素公开发表，变得众所周知，但回报率依然很明显，而流动性的提升也让要素交易变得更容易。这就带来了问题：是什么原因导致这种更高的回报率可以持续存在？关于异常公开发表后为何能长期持续，金融学的理论是，套利限制制约了理性投资者利用异常的能力。具体证据如下：

－许多机构投资者，例如养老金基金、慈善基金和共同基金受限于章程，不允许持有做空头寸。

－做空成本很高。这涉及借入股票，建立做空头寸。许多股票的借入成本很高，因为机构投资者可供给的股票数量很少（他们通常也会减持这些股票）。小市值股票表现出的异常最明显：大批量交易这类股票的成本很高，无论是做多还是做空（尤其是做空）。同样的，由于可供借入的股票数量有限，因此借入成本也会很高。

－由于可能的损失没有上限，因此投资者不太愿意接受做空风险。即使交易员认为某只股票股价过高，但他们也知道，即便股价可能调整，也无法判断股价具体在什么时候会发生调整。所以在开始下跌之前，股价仍有可能继续上涨。这样的股价走势会导致做空者被迫投入更多资本，也可能迫使交易员平仓。

－市场上还存在其他某些限制，例如杠杆（借贷能力）、交易成本，以及纳税情况（对于应税投资者）等。

这些套利限制导致了持续的错误定价，进而阻止财富从非理性投资者（即通常认为的"傻钱"）流向更聪明的投资者。不过这只是理论。楚永强、大卫·赫施雷夫和马亮于2016年发表了论文《资产定价异常中套利限制的因果效应》。他们研究了套利限制对于10种异常的因果效应。这10种异常分别为动量、毛盈利能力、资产增长率、投资与资产之比、资产回报率、净运营资产、应计项目、净股票发行、复合股票发行以及财务压力。

基于美国证券交易委员会的一项试验"证券卖空规则"，他们的研究试图识别资产定价异常中套利限制（尤其是卖空限制）的因果效应。美国证券交易委员会于2004年引入了证券卖空规则，这一试点项目随机选择某些股票，取消卖空限制。2004年6月，对于罗素3000指数中的股票，证券卖空规则取消了纽约股票交易所和美国证券交易所部分股票的 "提价交易规则"。这项规则阻止投资者卖空股价处于下跌中的股票。证券卖空规则将纽约股票交易所和美国证券交易所（以及纳斯达克）按交易量排名的1/3股票作为试点股票。从2005年5月2日至2007年8月6日，试点股票不必遵守提价交易规则以及目的类似的竞价测试。在这个项目中，试点股票的卖空要比非试点股票更简单。这为研究卖空限制对资产定价异常的因果效应，提供了理想的场景。结果表明，因果效应显而易见。

为了检验"套利限制"假设，楚永强及其同事建立了多空投资组合。对于每种资产定价异常，他们同时挑选了试点股票和非试点股票。他们利用了可以预测截面回报率的多种变量，将试点公司分成10类，并用表现最好10%（即"长腿"）的回报率减去表现最差10%（即"短腿"）的回报率，从而计算出异常回报。随后，对于所有非试点股票，他们应用了同样的处理方法。以下是研究结果的要点：

－在试点期内，使用试点股票构建的多空投资组合异常极不明显。

－对于10种异常中的4种，因果效应表现出统计学意义。当10种异常被合并检验时，因果效应同时表现出统计学意义和经济学意义。

——在合并检验时，证券卖空规则导致异常回报率下降了每月77个基点，或每年9.2%。结果具有明显的统计学意义。

——在试点期内，基于试点股票构建的"短腿"投资组合回报率明显更高，这意味着做空策略的收益率变低。相比之下，对于"长腿"投资组合，试点项目没有明显影响。这与已知的套利限制一致。其他研究也发现，大部分异常可以用"短腿"一侧来解释。然而我们注意到，之前主要章节中介绍的要素在"长腿"一侧也都能带来更高的回报率。回忆这些章节中关于"可投资性"的部分，我们介绍了如何把握这些要素溢价，当时我们常常会引用共同基金取得的成绩。2013年，洛宁·伊斯莱尔和托比亚斯·莫斯科维茨发表论文《市场异常中做空、公司规模和时间扮演的角色》，提供了更多证据，表明投资者有能力把握"长腿"一侧的要素溢价。

——在证券卖空规则2007年8月结束之后，试点股票和非试点股票卖空限制之间的差异消失，而试点股票投资组合和非试点股票投资组合异常回报率的差异同步消失。

——更方便地卖空对异常的影响在小市值、弱流动性股票中更明显。这与套利限制假设一致。

——在根据资本资产定价模型和法玛–弗兰奇三要素模型进行调整后，结果依然如此。对于这两种情况，结果都有经济学意义以及很强的统计学意义。

这些结果明确表明，证券卖空规则试点项目在缩小套利限制影响的同时，也降低了不易做空股票的错误定价程度。楚永强及其同事认为："这些结果表明，套利限制，尤其是卖空限制在10种知名异常的出现过程中扮演了重要角色。因此，异常至少部分是由错误定价引起的。"

实际上，行为金融学已经提供了关于这方面的更多证据，表明卖空成本和限制会影响资产价格，导致异常的持续。投资者可以利用这种原理，避免买入负面异常属性已经广为人知的股票，或是投资排除了这类股票、单纯做多的基金。

美国证券交易委员会于2011年3月对卖空交易规则进行了修订，其中的调整包括"201规则"，即修订后的提价交易规则。这是一种与卖空有关的熔断机制，在被触发后，会对股票卖空价格作出限制。美国证券交易委员会还颁布了面向证券公司的指南，使它们可以将某些符合要求的订单标记为"无法卖空"。不过需要再次指出，对做空的任何限制都会导致异常的持续。

关于异常为何能持续，学术研究还带来了另一种解释。

基准带来套利限制

马尔科姆·贝克、布伦丹·布拉德利和杰弗里·乌格勒于2011年发表论文《基准带来了套利限制：理解低波动性异常》。论文从另一种角度解释了为何异常会持续存在：典型机构投资者的目标是确保额外回报相对于固定基准的比率最大化，同时避免杠杆。一些机构投资者尝试避免对高风险资产的非理性需求。这些机构投资者通常采用根据市值来加权的固定基准。因此，撇开基准去利用各种异常不利于资产管理经理的职业前途。

作者解释："典型的机构股票管理合同包含显式或隐式要求，确保相对于特定的固定市值加权指数，实现'信息比率'的最大化，同时避免杠杆。例如，如果基准是标准普尔500指数，那么信息比率（IR）的分子是投资经理取得的回报率与标准普尔500指数回报率之间的差异，分母是回报率差异的波动性，即'追踪误差'。通过选股，以及避免使用杠杆，投资经理的目标是确保信息比率最大化。"

贝克、布拉德利和乌格勒指出，尽管投资者最终更关心总体风险，但引入追踪误差也给投资者带来了帮助。通过与常用指数进行对比，我们能更方便地评价投资经理的能力和投资组合的风险。通过将投资经理的业绩与指数进行比较，投资者可以更好地跟踪投资组合的总体风险。

作者随后指出，"这样做在带来帮助的同时也造成了不利后果。"由于基准的存在，机构投资经理就不太可能去利用异常。他们随后用数学方式展示这一点，并进一步证明，如果无法利用杠杆，"那么根据以往经验，投资经理的动机就是加剧错误定价"。他们指出，在资产管理行业的大部分领域，对杠杆的限制都是合理的前提，"可以使用杠杆、有案可查的管理资产总量很小"。为了进一步证明，共同基金通常不会尝试利用低 β 异常，作者观察到，在论文发表的前10年中，共同基金的平均市场 β 为1.10。

最后，贝克及其同事总结道："非理性投资者对高波动性的需求、以固定基准为参考的代客投资管理以及杠杆的缺失，这些因素共同颠覆了风险和回报之间的关系。在很大程度上，高级投资者要求根据对基准的追踪误差来寻求最大主动回报，因此对异常采取观望策略。"由于这些原因，异常往往会持续存在。

小结

学术研究发现，在要素公开发表之后，机构投资者会在交易中利用异常，其中对冲基金和主动管理型共同基金表现得最为积极。研究还表明，回报率的可预测性不会完全消失，但溢价幅度将会出现约1/3的下降。此外，如果投资组合中包含套利成本高的股票，那么在要素公开发表之后，溢价的下降幅度也会相对较小。这符合我们的直观认识，即成本限制了套利，保护了错误定价。

由此可清楚地认识到，有关异常的研究成果的发表确实会导致投资者增加资金投入以期更多地获取异常带来的溢价。这将导致未来可实现回报的降低。因此，投资者不应默认假设未来的溢价会与历史上保持一致。

YOUR COMPLETE GUIDE TO
FACTOR-BASED INVESTING

第九章　基于要素的分散投资组合配置

到目前为止，我们已经讨论过各个要素，研究了这些要素是否适用于资产配置，并符合相应标准，包括持续性、普适性、稳健性、可投资性以及从逻辑上可解释。在本章中，我们将讨论如何在实际操作中配置这些要素，以最优的方式利用要素带来的预期回报率，同时谨慎对待可能的风险。在这里，为了合规性，我们使用"可能"或"潜在"的说法。正如此前所说，任何要素都无法永远适用。因此对投资者来说的关键在于，不仅要确保投资组合中的资产分散，也要确保可能使用的要素分散。

根据前文的讨论，如果想要增加对这些要素的敞口，那么可以关注对某些要素有偏好的基金，而非全市场基金，例如DFA的核心股票基金，包括DFEOX、DFQTX和DFIEX，或是在基金中加入"卫星"头寸，加大对所期望要素的敞口。然而，投资者不应当以孤立的眼光去看待每一笔投资。为了构建最优的投资组合，平衡风险和回报，投资者应当考虑如何搭配投资组合的各个部分。对于这个问题，基于要素策略的分散投资带来了一种新方法。

以新方式去思考分散投资

分散投资被称作投资过程中唯一的"免费午餐"。尽管分散投资有很多显而易见的好处，但许多投资者仍未能做到分散投资。其中最著名的问题之一就是本土偏见。这种偏见导致投资者将资产更多地配置于国内股市，同时忽略国际市场。美国股市只占全球股票市值的50%左右。尽管如此，大部分投资组合只会将10%或更少的资产配置于国际市场。

当代金融理论给投资者提供了非传统的方式去思考分散投资：分散投资带来了一种方法，可以优化风险调整后的回报率。请考虑以下场景，投资者A希望将投资组合分散至全球，覆盖多种资产类别。因此，他买入了先锋（美国）全股指基金投资者份额（VTSMX）和先锋国际全股指基金投资者份额（VGTSX）。由于这些都是全市场基金，因此投资者会同时持有小市值和大市值股票，以及价值型和成长型股票。这就是传统的分散投资方法。

现代金融理论提出了不同的观点。为了解释股市如何运转，金融经济学家研究了所谓的要素模型。正如前文的讨论，可以解释分散投资组合大部分回报率差异的五种要素分别为市场β、规模、价值、动量以及盈利能力/质量。需要再次指出，这些要素都是多空投资组合，对要素的敞口决定了投资组合的绝大部分风险。

正如第一章所说，市场β衡量了投资组合相对于大盘的风险，其具体定义是投资组合和大盘联动的程度。因此从定义上来说，全市场基金对市场β

的敞口为1。然而，尽管全市场基金持有某些小市值股票，但对规模要素并没有任何的敞口。许多投资者都看不明白这种似乎矛盾的说法。要素是多空投资组合，因此再次从定义来看，尽管全市场基金中的小市值股票提供了对规模要素的正敞口，但其中的大市值股票造成了负敞口，从而抵消了规模效应，使基金对规模要素的净敞口为0。价值型股票的情况也是如此。尽管全市场基金中的价值型股票带来了对价值要素的正敞口，但其中的成长型股票抵消了这种敞口，导致基金对价值要素的净敞口为0。动量要素和盈利能力/质量要素的情况也是如此。因此除市场β之外，全市场投资组合并没有基于多种要素去分散投资，而正是这些被忽略的要素决定了投资组合的风险和回报。

表9.1显示了，从1964年至2015年，美国市场不同要素之间的年相关性。相关性的取值为+1到−1。如果两种资产正相关，那么当一种资产带来相对平均值更高的回报率时，另一种资产也趋向于带来更高的回报率。如果是负相关，那么当一种资产带来相对于平均值更高的回报率时，另一种资产趋向于带来较低的回报率。因此，相关性越低，分散投资优势就越明显。请特别注意到，动量与市场β、规模和价值之间存在负相关关系。换句话说，如果某个投资组合建立了对这3种要素的敞口，那么加入对动量要素的敞口将有利于分散投资。

表9.1 历史相关性（1964—2015）

要素	市场 β	规模	价值	动量	盈利能力	质量
市场 β	1.00	0.29	−0.27	−0.17	−0.27	−0.52
规模	0.29	1.00	0.01	−0.12	−0.22	−0.53
价值	−0.27	0.01	1.00	−0.20	0.09	0.04
动量	−0.17	−0.12	−0.20	1.00	0.08	0.30
盈利能力	−0.27	−0.22	0.09	0.08	1.00	0.74
质量	−0.52	−0.53	0.04	0.30	0.74	1.00

为了利用规模和价值要素进行分散投资，投资者必须使投资组合有所偏向，相对于大盘更多地持有小市值股票和价值型股票。由于规模要素和价值要素带来的年平均溢价率分别为3.3％和4.8％，因此如果希望增加对这两种要素的敞口，那么有两种资产配置选择。第一种是利用要素敞口的"传统方式"，即增加投资组合的预期回报率。由于这些要素相互之间的相关性很低，因此根据多种要素去分散投资的投资组合曾在风险调整后获得过很高的回报率。

我们还有第二种资产配置方式。这种方式想要的并不是提升预期回报率，而是在维持预期回报率不变的情况下致力于降低风险。具体做法包括降低市场β敞口，同时增加对规模和价值要素的敞口。投资者不必对市场β有太大的敞口，即可获得同样的预期回报率，因为所持有的股票预期回报率要高于大盘。对市场β较低的敞口可以通过减持股票，增持债券来实现。最终结果是，通过加入对不同要素的敞口，即降低对市场β的敞口，增加对其他要素的敞口，投资将变得更分散。此外，由于更多资产配置于安全性高的债券，因此投资组合对期限风险的敞口上升，进一步强化了基于要素的分散投资。

大部分投资者可能没有注意到，由于股票相对于债券波动性更大，因此对60％资产配置于股票，40％资产配置于债券的典型投资组合，会有高于60％的风险来自股票配置（即基于市场β的资产配置）。实际上，在这种典型的投资组合中，市场β带来了约85％的风险，而投资组合对其他股票要素没有任何敞口。如果投资组合持有的债券仅限于安全的美国国债和政府债券、由联邦存款保险公司承保的存款单以及高质量市政债券（包括获得AAA/AA评级的一般债券，或必要服务收入债券），那么期限风险占投资组合总风险的约15%。通过将投资组合向其他股票要素倾斜，同时降低对市场β的敞口，投资者可以减少风险在市场β要素上的聚集，将风险分散至其他要素，包括期限要素。这将带来所谓的"风险平价投资组合"[9]。这样的投资组合更平均地将资产分散于各个要素。从表9.2中，可以看到基于要素进行分散投资带来的帮助。表格中的数据来自1927年至2015年。对于每个要素，表中显示了平均溢价、波动性以及夏普比率。此外，表中还提供了对三种投资组合的相同信息。投资组合1（P1）将资产平均配置至4种要素：市场β、规模、价值和动量。投资组合2（P2）将80%资产平均配置至以上4种要素，并将另20%资产配置至盈利能力要素。投资组合3（P3）以类似P2的方式进行资产配置，仅仅只是用质量要素去替换盈利能力要素。

表9.2 回报率和风险

	平均回报率（%）	标准差（%）	夏普比率
市场 β	8.3	20.6	0.40
规模	3.3	13.9	0.24
价值	4.8	14.1	0.34
动量	9.6	15.7	0.61
盈利能力	3.1	9.3	0.33
质量	3.8	10.0	0.38
P1	6.5	8.8	0.74
P2	5.3	5.5	0.96
P3	5.6	5.6	1.12

除盈利能力要素和质量要素之外，要素之间的相关性很低。因此，这3种投资组合都表现出高于任何单个要素的夏普比率。从表9.3中，我们可以进一步看到基于要素进行分散投资带来的帮助。这张表格显示了不同时间跨度，各种要素跑输的概率。这张表格中的数据同样来自1927年至2015年。

表9.3 跑输的概率（%）

	1 年	3 年	5 年	10 年	20 年
市场 β	34	24	18	10	4
规模	41	24	30	23	14
价值	37	28	22	14	6
动量	27	14	9	3	0
盈利能力	37	28	23	15	7
质量	35	25	19	11	4
P1	23	10	5	1	0
P2	17	5	2	0	0
P3	13	3	1	0	0

可以看到，无论时间跨度有多大，三种投资组合跑输的概率都要低于任何单个要素。埃里克·哈尔玛森于2011年发表论文《投资组合基于多种特征的分散化》。这篇论文提供了更多证据，试图证明要素分散投资带来的帮助。在这篇论文中，他研究了从1951年至2008年，基于7种股票特征的多空投资策略的表现。

其中3种策略与动量或反转有关：

– 短期反转，定义为前一个月（t–1）的回报

– 中期动量，定义为从t–2到t–12个月的回报

– 长期反转，定义为t–13到t–60个月的回报

3种策略与价值要素有关：

– 账面市值比（BtM）

– 现金流股价比（CP）

– 利润股价比（EP）

最后一种策略基于规模要素。随后，论文作者用单一特征投资组合的表

现去比较平均加权投资组合的表现。以下是他的发现：

— 每种单一特征都能带来可盈利的投资组合策略。

— 相对于任何单一特征投资组合，平均加权的分散投资组合几乎总能带来更好的夏普比率。

— 对基于这些特征的多空策略，分散投资的优势很明显。原因在于，不同单一特征策略之间的相关性大多很低，某些时候甚至出现负相关。

— 根据3种价值比率，包括账面市值比、现金流股价比和利润股价比构建的投资组合，回报率之间的相关性相对较高。

— 价值比率与短期反转之间的相关性大部分情况为负，与动量要素之间的相关性很弱，但与长期反转之间的相关性通常为正。

— 规模要素与长期反转之间的相关性最高，与动量要素之间的相关性为负。

— 短期反转与动量要素之间的负相关很明显，但与长期反转之间表现出较弱的正相关。

— 动量要素和长期反转之间表现出相对较强的负相关。

— 这些结果具有统计学意义。

尽管研究没有涉及对交易成本的完整分析，但哈尔玛森判断，有强烈的理由认为，在对交易成本进行控制后，结果依然会是如此。这个研究结果进一步支持了我们的假设，即通过多要素的分散投资，我们可以构建更高效的投资组合。

总而言之，全市场投资组合将所有鸡蛋放在同一个要素（或者说风险）篮子里，这就是市场β，而有所偏向的投资组合可以分散风险。如果利用有偏向的策略去降低对市场β的敞口，那么投资组合将增加对期限要素的敞口，从而带来明显的分散投资优势。如果不同风险篮子所带来溢价的相关性很低，或者为负，那么利用多个风险篮子对投资者而言就是一种分散投资的好办法，同时还可以优化风险调整后的回报率。本章中大部分的讨论围绕多空投资组合，也对基于要素的分散投资进行了简单讨论。如果希望了解更深入的讨论以及单纯做多投资组合的情况，那么可以参考拉里·斯韦德罗和凯文·格罗根的著作《降低黑天鹅风险：利用投资科学把握回报率、降低波动性》。这本书专注于如何运用有偏向的投资策略，并介绍了投资者在不牺牲回报率的情况下如何降低巨额亏损的风险。

以下的简单案例或许可以带来启发。考虑从1927年到2015年的时间段，并将年度再平衡考虑在内。一个投资组合将60％资产配置于标准普尔500指数，40％资产配置于五年期美国国债。这样投资组合的年回报率为8.6％，标准差为12.2％。现在，将股票配置降低至40％，其中一半采取偏向某些要素的策略（在这个案例中使用规模和价值要素）。因此，这个投资组合将20％资产配置于标准普尔500指数，20％资产配置于法玛–弗兰奇美国小市值价值型研究指数，60％资产配置于五年期美国国债。这样的投资组合年回报率为8.9％，标准差为10.4％。很明显，第二种投资组合可以同时带来更高的回报率和更低的风险。

尽管要素分散投资有许多优势，但也带来了被称作"追踪误差遗憾"的风险。这将是附录A要讨论的问题。

YOUR COMPLETE GUIDE TO
FACTOR-BASED INVESTING

第十章　结论

尽管"要素动物园"中有600多种要素，但本书的讨论仅限于市场β、规模、价值、动量、盈利能力、质量、期限和持有报酬。如果将要素投资比作迪士尼乐园，那么这8个要素就是最具价值的一票通。

基于学术论文中的证据，我们希望，对不同要素的偏向可以帮助当代投资者构建更高效的投资组合。考虑到共同基金公司之间的激烈竞争，基金费率的大幅下降，投资者目前可以以更低的成本来进行这样的操作（成本似乎还将变得更低）。我们引用的许多论文发表时间都不长，因此可以想象，相关研究，即如何用要素特征去解释资产的回报率，仍将继续保持活跃。我们无法预测未来的发展会是什么样，但我们希望，本书介绍的框架可以帮助你更好地理解要素，判断在投资组合中是否以及如何利用要素。此外我们还希望，本书能让看起来复杂的要素投资技术变得更清晰。

我们还要做出一些提示。首先，正如我们所说，包括前文推荐的要素，所有要素都曾经历过长时间的跑输基准。因此在投资之前，请确保你坚信某个要素背后的逻辑，以及为什么你相信这个要素可以长期有效。如果缺乏坚强的信念，那么在不可避免的长期跑输基准阶段，你就不太可能坚持投资纪律性。而纪律性是成功投资者的关键特质之一。最后，由于没有办法去了解，哪些要素未来可以带来溢价，我们建议你构建基于多种要素的分散投资组合。俗话说，分散投资是投资过程中唯一的免费午餐。因此，我们建议你尽可能多地去享用这份免费午餐。不过到这里，我们还没有结束。我们还想给你提供一些彩蛋。

附录A介绍了一种可怕的情况，即追踪误差遗憾。如果投资者在全市场指数的基础上进行分散操作，那么就会面临这种风险。追踪误差遗憾导致投资者犯错，混淆事前策略与事后结果，最终放弃经过深思熟虑的投资计划。

附录B解释了，尽管类似"聪明β"的东西确实存在，但这更多的是营销手段，即重新打包某些众所周知的要素。

附录C、D、E解释了，为何不必绕个大圈，花时间去关注"要素动物园"中另三种最热门要素：股息要素、低波动性要素（或类似的低β要素）和违约要素（信用要素）。

附录F讨论了另一种动量要素，即时序动量。这与我们在第四章中讨论的截面动量是近亲。

附录G展示了，为何当你已针对建议要素建立敞口之后，再加入额外的要素敞口不会带来太大潜力。此外这里还解释了，投资者应当专注于单一要素，还是多种风格基金。

附录H讨论了一项有趣的研究，即投资领域的要素是否也可以解释体育博彩的结果。如果答案是肯定的，那么关于要素对投资回报的解释能力，这就提供了一种非常特别的样本外检验方式。

附录I以新方式去分析规模要素，证明规模要素依然非常稳定。我们还证明，如果只关注绝对溢价幅度，而不考虑基金可以实际把握的溢价，那么投资者可能会做出错误的结论。

最后，附录J提供了简短的共同基金和ETF基金列表。我们认为，在建立要素敞口的过程中，这些基金值得考虑。

附录 A　追踪误差遗憾：投资者的大敌

　　成功的投资经验包含多方面因素。首先是制订深思熟虑的财务计划。这样的计划应当从认识自身的能力和意愿开始，并需要承担风险。此外你还需要明确，希望资金能发挥什么样的效果。在识别所有风险和目标之后，你就可以结合财产、纳税和风险管理计划，制订总体财务计划。接下来是决定采取什么样的投资策略，才能在可接受的风险范围内实现你的目标。

　　有两种工具可以帮助理财顾问、受托人和投资者寻找谨慎的投资策略。这就是 1992 年的《信托法重述》（第 3 版），即谨慎投资者规则，以及 1994 年的《统一谨慎投资人法》（UPIA）。这两项规则在制定过程中都考虑了当代投资组合理论（MPT）。该理论的基本原则之一是，在采用适当策略的情况下，通过分散投资，投资业绩不佳的风险及回报率的波动性和离散都会降低，而预期回报率不会受到影响。

　　因此，分散投资组合被认为更高效、更谨慎。《统一谨慎投资人法》指出，"长期以来的要求，即受托人对投资进行分散，已被纳入谨慎投资的定义之中。"

　　分散投资带来的帮助已经众所周知。实际上，分散投资也被称作投资过程中唯一的免费午餐。我们建议，投资者一方面根据国内资产类别（小市值和大市值股票、价值型和成长型股票，以及房地产）和之前讨论过的要素进行分散投资，另一方面也要考虑对国际资产类别（包括新兴市场股票）进行足够的配置。

　　然而，采用分散投资策略的投资者必须知道，他们正在接受另一种风险。这是一种心理学风险，被称作追踪误差遗憾。追踪误差可以带来这样的风险，即某个分散投资组合的表现差于普遍参考的基准，例如标准普尔 500 指数。对追踪误差的遗憾可能会导致投资者出错，混淆事前策略和事后结果。

混淆策略与结果

　　纳西姆·尼可拉斯·塔勒布曾发表论文《被随机性愚弄：概率在生活和市场中扮演的隐藏角色》。关于策略和结果的混淆，论文指出："没有人可以根据结果去评判任何领域，例如战争、政治、医药和投资的表现，有意义的评判标准是比较其他选择造成的成本（例如，如果历史以不同方式推进）。这种对事件的替换过程被称作历史替换法。很明显，某个决策的质量高低无法仅仅用取得的成果来评价，然而失败者常常会发表这样的论调，而成功者通常将成功归功于他们决策的质量。"

　　不幸的是，在投资过程中，我们没有魔法般的水晶球去准确预测未来的结果。因此，评价某种策略的方式是在结果出现之前，而非之后，分析其质量和谨慎性。

2008 年到 2015 年的数据提供了检验依据

自 2008 年以来，关于能否有效排除掉追踪误差遗憾，投资者一直面临考验。从 2008 年到 2015 年，美国主要资产类别的回报率基本类似。标准普尔 500 指数的年回报率为 6.5%，MSCI 美国大市值价值指数的回报率为 5.1%，MSCI 美国小市值 1750 指数的回报率为 7.7%，MSCI 美国小市值价值指数的回报率为 7.7%。这 4 种指数的总回报率分别为 66%、49%、82% 和 70%。

然而，国际股市的回报率远远落后。同一时间段，MSCI 欧澳远东指数的年回报率为 0，MSCI 新兴市场指数的年回报率为 −3%（总回报率为 −21%）。

很明显，利用国际市场分散投资的投资者会感到失望，而这样的情绪导致许多人倾向于放弃基于国际市场的分散投资策略。那么，我们是否可以根据结果认为，这种策略是错误的？如果用塔勒布提出的视角去看待这个问题，那么答案是否定的。

为了了解为何采取正确视角即塔勒布视角是明智之举，我们可以考虑从这段时间的起点来看一名投资者（这名投资者没有水晶球去准确预言未来）。对这名投资者来说，世界是什么样的？为了回答这个问题，我们先看看此前 5 年的回报率。

追踪误差带来的帮助

在 2008 年初，研究投资策略的投资者可能会看到以下回报率。从 2003 年到 2007 年，5 年时间里标准普尔 500 指数带来了 83％的回报率，不到 MSCI 欧澳远东指数 171％的一半，略高于 MSCI 新兴市场指数 391％的 1/5。确实，在短短 5 年时间里，MSCI 新兴市场指数跑赢了标准普尔 500 指数 308％。

如果你觉得这很糟糕（或者说很棒，取决于你站在哪方），那么 DFA 新兴市场小市值投资组合基金（DEMSX）带来的回报率还要更高，达到 430％，比标准普尔 500 指数高出 347％。DFA 新兴市场价值投资组合机构类基金（DFEVX）的总回报率为 546％，比标准普尔 500 指数高 463％。

如果关注美国国内的资产类别，那么标准普尔 500 指数同样跑输了 MSCI 美国小市值 1750 指数 40％，跑输 MSCI 美国小市值价值指数 28％，跑输罗素 2000 价值指数 25％。此外，标准普尔 500 指数的涨幅也要比 MSCI 美国主要市场价值指数低 14％，比罗素 1000 价值指数低 15％。

可以看到，追踪误差带来了两方面效果，包括正的追踪误差和负的追踪误差。重要的是，我们认为，如果投资者关注 2003 年到 2007 年之间的回报率，那么他们不会质疑建立全球分散投资组合的好处。令人遗憾的是，两方面问题，即"投资相对论"（投资组合的表现与好友或主要基准之间的差异）和"时近效应"可能导致投资者放弃深思熟虑的计划。

投资相对论

许多投资者都陷入了先锋基金创始人约翰·柏格尔所说的"投资相对论"

怪圈。投资者是否感到满意（更进一步说，是否保持纪律性，坚持某种策略）似乎取决于他们投资组合相对于指数（对乐意接受分散投资理念的投资者来说，这些指数或许没有相关性）的表现。

然而不幸的是，即使在最好情况下，投资相对论带来的也只是精神上的胜利，而不是智慧和经验的胜利。金融市场的历史已经证明，相对于长期变化，当前趋势只是噪音。柏格尔曾引用匿名投资组合经理的话说："爱因斯坦的相对论很有用，但在投资过程中相对论毫无用处。"

时近效应

时近效应的定义是，最近观察到的现象对个人记忆的影响力最大，进而改变人的感知。这是一种被广泛讨论的认知偏见。如果投资者专注于最近回报率，并将这样的回报率投射至未来，那么这样的偏见可能会影响投资行为。这是一种非常常见的错误，导致投资者买入近期表现良好的股票（以较高的价格，这时预期回报率变低），同时卖出近期表现较差的股票（以较低的价格，这时预期回报率变高）。高买低卖不可能带来投资的成功。然而研究表明，由于时近效应的存在，许多投资者都在做高买低卖的操作。这样的行为导致普通投资者的回报率低于基金。一种高级策略可以解决这种偏见，即有纪律地对投资组合做再平衡操作，系统性地出售近期表现相对较好的股票，买入表现相对较差的股票。

现在，我们还有最后一个问题要讨论。

缺乏耐心

我们已经知道，在考虑投资回报时，典型投资者会将 3 到 5 年周期视为长期，10 年周期视为永恒。然而，在研究有风险资产的回报率时，3 到 5 年短周期的情况只能被视为噪音，甚至 10 年也只是短短一瞬。对于这个论断，我们有个非常有力的证据：21 世纪的前 10 年，标准普尔 500 指数的年回报率为 -1%。然而，投资者不会仅仅根据这 10 年的数据就失去对股票的信心，认为股票无法跑赢美国国债。

此外还有更强力的证据。在截至 2008 年的 40 年时间里，美国大市值和小市值成长型股票均跑输长期美国国债。我们期望，投资者没有放弃长期以来的观念，即有风险资产未来可以取得更好的业绩，即使这些资产在很长一段时间里表现不佳。确实，债券的长期牛市正导致收益率创下历史新低，潜在回报率下降。类似地，在关注国际投资时，当国际市场股票陷入不可避免的低迷期时，投资者更倾向于放弃经过深思熟虑的国际化分散投资策略（这或许是由于本土偏见）。

投资者需要理解，在投资有风险资产和要素时，他们必然会遭遇资产和要素表现不佳的漫长时期。在本书关于证券要素的每一章中，我们已经证明，无论时间跨度有多长，要素——包括股票要素的溢价率都有可能为负。以 5 年为周期，跑输概率低于 18% 的唯一要素是动量要素。但是，如果没有跑输的可能性，那么投资策略就不会有风险，溢价就会消失。

总结

分散投资意味着接受以下事实，即投资组合的一部分可能会与投资组合本身的风格完全不同。了解自身对追踪误差的容忍水平，并相应地展开投资，这将有助于保持纪律性。如果你只能接受较小的追踪误差，那么投资组合的股票部分就应该更多地参考标准普尔 500 指数。如果你选择类似大盘的投资组合，那么就不会基于资产类别或要素进行分散处理，也不会存在国际化的分散投资策略。在避免追踪误差还是接受追踪误差两者之间，你不会有免费的午餐。

在掌握这种平衡的同时，你还需要判断，如何将资产适当地配置于股票和固定收益产品。如果你的策略严格基于资产类别和要素进行国际化分散投资，且采取被动管理的方式，那这样的纪律性很可能带来回报。

YOUR COMPLETE GUIDE TO
FACTOR-BASED INVESTING

附录 B　关于"聪明 β"的真相

诺贝尔奖获得者威廉·夏普曾被问到，关于"聪明β"他的观点是什么。他的回答是，这种说法本身就让他无所适从。尽管我们的看法并没有如此强烈，但也要提出警示：许多自我标榜为聪明β的策略实质上只是营销噱头。它们只是简单地将数量化管理策略进行重新打包与品牌推广，而数量化管理策略已经提供了我们此前讨论过的对多种要素的敞口。不过，尽管"聪明β"只是营销噱头，但在投资过程中同样有效。实际上，我们支持"聪明β"策略对多种要素的敞口。

认为"聪明β"不存在的观点在于，β就是β，或者说只是对某种要素的利用。威廉·夏普在研究当代投资组合理论的资本资产定价模型时提出了β的概念。正如夏普的解释，β（这里说的是市场β）只是反映了投资组合对市场整体变化的敏感程度。所以怎么可能使其变得更"聪明"？β不会变得聪明。也并不能自主订制，更不会变得更好。β 就是 β。

随着资产定价理论的发展，额外要素的引入，我们知道，主动管理型基金经理相对于资本资产定价模型取得的更好表现（即 α）实际上是对其他要素敞口的结果，即规模要素、价值要素、动量要素和盈利能力/质量要素带来的 β。

尽管相对于原始的资本资产定价模型，多要素模型可以提供关于回报率的更完美解释，但模型无法解释的异常（请记住，规模、价值和动量曾一度被认为是异常）仍然存在。其中之一是，任何回报率呈彩票式分布的资产都表现出较差的风险回报特征。建立对这些资产的敞口会导致负的 α（即低于基准的回报率）。这让我们又回到了最开始的问题，即聪明 β 是否存在。我们认为，尽管这可能只是用词问题，但答案仍是肯定的。让我们来看看原因何在。

基金建仓规则

许多不同投资组合对多种要素有相同的敞口。换句话说，这些投资组合的 β 是相同的。我们假定，自己持有一只美国全市场共同基金（基金A）。从定义上来说，其市场 β 为1。基金B的管理者认为，通过筛除所有彩票式分布的股票（例如首次公开招股股票、低价股、已破产的股票以及规模很小的成长型股票），他可以获得聪明 β。基金B的市场 β 可能也是1，但从长期来看可能会获得更高的回报率。由于市场 β 是相同的，因此可以说，基金B具备聪明 β，或称作更好的 β。你也可以说，如果基金B确实带来了更高的回报率，那么这只基金就具备 α。两者之间只是用词不同，而没有实质差异。

设计聪明的基金建仓规则是获得聪明 β 的多种方式之一，另一种方式是对交易成本的适当管理。

交易成本

如果基金的唯一目标是复制指数（指数基金通常如此），那么当有股票加入或退出指数时，基金必须进行交易。这就导致基金成为流动性的需求者（或者说购买者）。这也意味着，当某只基金需要流动性时，其他指数基金也有类似需求。此外，基金对某只股票的持股比例必须符合股票在指数中的权重。如果基金的目标是通过所投资资产类别或要素去获得回报，并愿意接受随机追踪误差，那么在交易中可以采取更耐心的策略，降低对流动性的需求。例如，投资者可以使用算法交易系统去下单，降低交易成本，或使用批量交易策略，利用主动管理型基金经理带来的折扣。这些基金经理需要快速买入卖出大量股份。耐心可以降低交易成本，而批量交易在某些情况下甚至会使交易成本为负。

下面还有另一种方式，可以让 β 变得更聪明。

混合风格基金和单一风格基金

我们强调，投资者至少应当考虑，基于多种要素让投资组合分散化。如果这样做，那么下一步需要决定的是，投资多支单一风格基金还是一只混合风格基金。这两种方式可以带来对各个要素的同样敞口。然而，经过良好设计的混合风格基金将带来更聪明的 β 。原因之一是，混合风格投资方法可以在交易前利用多种风格信号。例如，如果一名投资者希望建立价值和动量敞口，他可以买入一只价值型基金和一只动量型基金。股票XYZ的股价出现下跌，进入了价值型基金的买入范围。与此同时，该股票近期糟糕的表现导致动量型基金的卖出。混合风格基金会避免这样的转手及相关成本。对于应税投资者，这或许还可以降低纳税负担。尽管单一风格基金更简单，但混合风格基金也有自身的优势。

指数和基金建仓规则的选择

关于更聪明的 β，另一个例子是对基准指数及投资组合建仓规则的选择，包括基金追踪基准指数的密切程度。这些因素的重要性在于，指数重构频率会影响回报率。大部分指数，例如罗素指数和RAFI基本面指数，每年都会进行重构。如果基金没有制定频繁重建计划，那么就会导致投资风格出现明显漂移。例如，从1990年至2006年，每年6月份罗素2000指数成分股将会有20％在当月底的指数重构中被排除。对于罗素2000价值型指数，这一比例为28％。最终结果是，基于罗素2000指数的小市值指数基金将会看到，对小市值风险要素的敞口在一年中逐渐降低。对基于罗素2000价值指数的小市值价值基金来说，它们对小市值溢价和价值溢价的敞口都会逐渐降低。对这些要素的敞口降低将造成低于预期的回报率。为了解决这个问题，基金可以选择每月或每季度重建，具体频率取决于重建对股票换手和交易成本的影响。

以下案例也可以解释，聪明 β 为何不完全是营销噱头。上文已经提到，基金可以通过对建仓规则的选择来获得更聪明的 β。通过对4种主要小市值指数进行回归分析，我们可以很好地证明这点。这4种指数分别为罗素2000、

CRSP 6-10、标准普尔600以及MSCI美国小市值1750。表B.1显示了利用法玛-弗兰奇要素模型进行四要素（市场β、规模、价值和动量）回归分析的结果，数据涵盖1994年（标准普尔600指数的创立日）到2015年12月。括号中为t统计量。

表B.1 小市值指数和要素敞口（1994—2015）

指数	年 α（％）	市场 β	规模	价值	动量	可决系数（％）	年化回报率（％）
CRSP 6—10	0.98（1.8）	1.01（90.3）	0.86（60.3）	0.16（10.1）	−0.14（−15.1）	99	10.3
MSCI 1750	−0.01（0.0）	1.04（68.1）	0.61（31.1）	0.26（12.4）	−0.03（−2.2）	97	10.3
罗素 2000	−1.96（−2.9）	1.01（72.8）	0.79（44.4）	0.26（13.3）	0.01（0.7）	97	8.4
标准普尔 600	−0.31（−0.3）	0.98（47.4）	0.70（26.5）	0.35（12.1）	0.01（0.7）	94	10.2

需要指出，上表中的所有可决系数都非常高，这意味着模型可以很好地解释回报率。此外，几乎所有的负载统计量都很高。在这段时期，利用法玛-弗兰奇数据，市场β溢价为6.3％，规模溢价为1.2％，价值溢价为1.3％，动量溢价为4.4％。

可以看到，4种指数对市场β的敞口类似，范围为0.98至1.04。然而，对其他要素的敞口有很大不同。规模要素的敞口范围从CRSP 6-10指数的0.86到MSCI美国小市值1750指数的0.61。价值要素的敞口范围从标准普尔600指数的0.35到CRSP 6-10指数的0.16。动量要素的敞口范围从罗素2000指数和标准普尔600指数的0.01到CRSP 6-10指数的−0.14。

CRSP 6-10指数对规模要素的敞口最高（有利于预期回报率），但对价值和动量要素的敞口最低（拖累了预期回报率）。对价值和动量要素较低敞口造成的拖累抵消了对规模要素较高敞口带来的溢价。该指数的年 α 为 0.98％。此外，统计信心水平为5％（t统计量为1.8），接近具有统计学意义。

相较于CRSP 6-10指数，MSCI美国小市值1750指数对规模要素的敞口较低，但对其他3种要素的敞口较高。最终结果是，后者的年化回报率为类似的10.3％。该指数的 α 约为0。

如果比较CRSP6-10指数与标准普尔600指数，那么可以看到类似的情况。后者比前者对价值和动量要素的敞口较高，但对规模要素的敞口较低，对市场 β 要素的敞口略低。最终结果是，标准普尔600指数的表现仅比CRSP 6-10指数低0.1％。此外，标准普尔600指数带来了负的年 α ，即−0.31％，但这种负的 α 尚未具有统计学意义。

罗素2000指数的情况完全不同。与CRSP 6-10指数进行比较，罗素2000指数对市场 β 有同样的敞口，对规模要素的敞口较低，但对价值和动量要素的敞口较高。这给罗素2000指数带来了较高的回报率。然而，罗素2000指数的年 α 为−1.96％，导致回报率只有8.4％，比CRSP6-10和MSCI美国小市值1750指数低1.9％。[10] 正如我们看到的，当基金选择不同指数去设计建仓规则时，最终回报率将会有明显不同。

这个例子表明，在选择基金时，投资者不仅需要对不同要素的敞口做选择，还要考虑基金的建仓和配置规则，后者同样可以影响回报率，且影响非常明显。

如果某种投资策略提供了本书推荐的要素敞口，那么我们就愿意给予支持，无论这种策略是否自称为 "聪明 β"。有些基金利用了未公开的要素或新发现的要素，而这些要素不符合我们的标准。对于这些基金，我们持谨慎态度。请小心行事，并记住，基金配置的具体方法也很重要。总而言之，借助聪明、耐心的交易策略，同时利用学术研究中的发现，我们可以获得比全市场投资组合和单纯指数基金回报率更高的投资组合。换句话说，某些时候，聪明 β 确实是更聪明的 β。

附录 C　股息并非一种要素

在1961年的论文《股票的股息策略、增长和价值》中，梅尔顿·米勒和弗兰克·莫迪格里亚尼提出了著名论断，即股息策略与股票回报率毫不相关。在50多年时间里，这个论断没有在学术层面遭遇过挑战。此外，经验证据也支持他们的观点。因此，没有任何资产定价模型会将股息要素包含在内。

尽管传统金融学理论长期都这样认为，但近几年出现的最重要趋势之一正是基于股息策略去投资，例如投资股息率相对较高的股票，或投资以往曾上调过股息的股票。这类策略吸引了越来越多的兴趣。这一方面是由于媒体炒作，另一方面也因为当前利率正徘徊在历史最低水平。

自2008年金融危机以来，高安全性的债券通常只能带来非常低的收益率。这导致许多曾经保守的投资者将资产配置从高安全性债券转向风险更高但发放股息的股票。如果采用收入方法或现金流方法，而不是总回报方法，那么确实可以看到投资收益的上升。但我们认为，总回报方法才是正确的。

学术研究

雅克布·波多克、罗尼·麦克利、马修·理查德森和迈克尔·罗伯茨于2007年发表论文《衡量股息收益率的重要性：实践中资产定价的启示》。论文发现，在1972年至2003年的样本数据中，很难用股息收益率去预测未来回报率。艾米特·格亚尔和伊沃·韦尔奇于2003年发表论文《用股息率预测股票溢价》。他们发现，在样本数据中，股息收益率几乎没有任何预测能力。他们指出："我们发现，即使是在90年代之前，股息率也没有任何预测能力。只有1973年和1974年两年似乎是个例外。"

截至目前的近20年时间里，金融行业使用的基本模型是卡哈特四要素模型，其中的4种要素分别为市场β、规模、价值和动量。这种模型可以解释分散投资组合回报率差异的约95%。其他更新颖的模型，例如q要素模型，在加入了盈利能力要素和投资（投资水平较低的股票能跑赢投资水平较高的股票）要素之后，带来了更强的解释能力，消除了此前模型中存在的几乎所有异常。可以看到，没有任何资产定价模型包含股息要素，这与理论上的研究结果一致。

反过来，如果股息在决定回报率的过程中扮演了重要角色，那么当前的资产定价模型就无法发挥出良好的效果。换句话说，如果在当前所使用要素的基础上，股息能带来更强的解释能力，那么我们就必须在模型中加入股息要素。但实际上，如果股票对已知要素有着同样的敞口，那么无论股息策略如何，它们的预期回报率都是相同的。例如，高股息策略的回报率可以用对常见要素，尤其是价值要素的敞口来解释。股息增加策略的情况也是如此，其回报率可以用对其他要素，尤其是盈利能力/质量要素的敞口来解释。为了证明这点，我们分析了先锋非常热门的股息升值交易所交易基金（VIG）。该基金的数据从2006年6月开始。五要素回归分析显示，在2016年2月之前，该基金对常见要素的敞口如下：市场β（0.93）、规模（-0.09）、价值（0.14）、动量（-0.01）和质量（0.34）。市场β为0.93表明，这只基金相对于美国股市整体（市场β为1）的风险略低。对规模要素的敞口为-0.09表明，该基金对大市值股票的持有略高于平均水平。对价值要素的敞口为0.14表明，该基金持有的股票对于价值要素有一定敞口。此外，对动量要素的敞口接近于0，对质量要素的敞口很明显。除了对动量要素的敞口之外，对其他要素的敞口都具有统计学意义。价值要素敞口的t统计量超过3，而质量要素的t统计量超过6。可决系数为95%，表明这个模型可以很好地解释基金回报率。

这些发现带来了重要启示，因为约60%的美国市场股票和约40%的国际市场股票不支付股息。因此，如果将股息作为投资组合设计中的要素，并因此排除某些股票，那么会导致投资组合不够分散。分散程度较差的投资组合效率较低，更容易出现明显的回报率离散，且没有任何形式的较高预期回报作为补偿（假定对其他要素的敞口是相同的）。

理论和实践均表明，股息并不是一种可以解释回报率的要素。那么，为何许多投资者对股息有明显的偏好？从经典金融学理论的角度来看，这是种异常，来自复杂的人类行为。因为在考虑所谓的市场"阻力"（例如交易成本和纳税）之前，股息和资本收益可以完美地替代彼此。简单来说，现金股息会导致股价下跌，而下跌幅度应等同于股息数额。[11]情况必定如此，除非你认为1美元的股息和1美元的股价价值不同。因此，投资者应当以同等方式去看待现金股息以及出售同样价值公司股票获得的"自制"股息。在不考虑"阻力"的情况下，现金股息和"自制"股息彼此是完美的替代。如果不考虑"阻力"，那么由于股息不是好事也不是坏事，所以投资者不应对股息有所偏好。

沃伦·巴菲特于2011年9月提到过这点。在伯克希尔-哈撒韦公司公布股票回购项目之后，某些人开始关注巴菲特没有发放现金股息的问题。在致股东的邮件中，巴菲特详细解释了，为何他认为股票回购项目最符合股东利益。他认为，如果股东更倾向于现金，那么实际上可以通过卖出股份来获得收益。

作为行为金融学领域的领袖，赫尔什·谢弗林和梅尔·斯泰特曼在1984年的论文《解释投资者对现金股息的偏好》中，试图解释投资者偏好现金股息这种行为异常。

他们提出的第一种解释是，投资者可能会发现，他们难以"延迟欲望"，以控制消费。为了解决这个问题，对于消费他们采用"现金流"方法，将消费额度限制为来自投资组合的利息和股息。基于"自制股息"的总回报方法无法解决矛盾，即投资者希望拒绝现时享受，但却发现自己抵御不了诱惑。出于纳税原因，尽管对股息的偏好可能并非最优选择，但由于解决了行为学问题，因此对个人投资者来说，这被认为是理性做法。换句话说，投资者希望推迟消费，但却意识到自己的天性中缺乏这样的意愿。因此，他们试图创造一种场景，限制消费机会，减少诱惑。

谢弗林和斯泰特曼的第二种解释基于预期理论以及投资者对亏损的厌恶。预期理论认为，人们对收益和亏损的价值评价是不同的。因此，他们倾向于根据感知到的收益而非亏损来做出决策。如果某人有两种选择，其中一种以可能的收益来表达，另一种以可能的亏损来表达，那么他更可能选择前者。对亏损的厌恶意指，投资者更倾向于避免亏损，而不是获得收益。大部分研究表明，从心理影响来看，亏损带来的效应是收益的两倍。由于获得股息并不需要出售股票，因此相对于要求卖出股票的总回报方法，这种方法更受欢迎。此外，卖出股票可能意味着浮亏兑现，对许多人来说这会非常痛苦（他们表现出了厌恶亏损的倾向）。他们没能意识到的是，无论市场上涨还是下跌，无论股票是以亏损还是盈利价格出售，现金股息完全等价于出售同样多的股票，差别仅仅在于如何看待这个问题。这更多的是形式差异，并没有实质不同。无论你接受现金股息，还是出售等量的股票，最终你对该股票的投资额都会相同。如果接受现金股息，那么你会持有更多股份，但股票价格下跌（跌幅与股息额相同）。如果接受自制股息，那么你持有的股份数量下降，但股价更高（因为没有发放股息）。无论在哪种情况下，你对该股票的剩余投资总额都是相同的。以下案例提供了这个理论背后的数学机制。

现金股息和自制股息的数学分析

为了证明，现金股息和自制股息的等价性，我们将假定两家完全相同的公司，除了：公司A支付现金股息，公司B不支付股息。为了简化分析，我们假定，公司A和公司B的股价都为账面价值（尽管股票的情况通常并非如此，但最终结果是同样的）。

这两家公司的初始账面价值为每股10美元，每股收益均为2美元。公司A支付每股1美元的股息，公司B不支付股息。公司A的一名投资者持有1万股股份，并接受了1万美元的股息，以满足资金需求。在第一年年末，公司A的账面价值为每股11美元（初始价值10美元+2美元利润−1美元股息）。这名投资者配置于股票的资产价值为11万美元（11美元×1万股），现金价值为1万美元，总额为12万美元。

现在，让我们来看看公司B的情况。由于公司B的账面价值到第一年年末为每股12美元（初始价值10美元+2美元利润），这名投资者配置于股票的资产价值为12万美元，现金为0。他必须出手1万美元股份，以满足资金需求。因此，他出售了833股股份，获得了9996美元。在售股之后，他目前只持有9167股股份。然而，这些股份的价值为12美元，因此他配置于股票的资产为110004美元，现金为9996美元。这与公司A投资者的情况完全一致。

另外一种计算方法也可以证明这两种股息完全相同，即只考虑公司A的投资者。这名投资者没有将现金股息用于消费，而是用于再投资。由于股价目前为11美元，因此他的1万美元股息可以购买909.09股股份。因此，他目前持有10909.09股股份。由于股价为11美元，因此配置于股票的资产总额与公司B的投资者相同，即12万美元。

不过需要注意到，由于保留了所有利润，因此公司B未来可能获得更高的预期增长率。原因在于，该公司有更多资本可供投资。假定市场对股票正确估价，那么额外保留的资本将带来更高的利润，足以弥补持有股票数量的减少。

回到谢弗林和斯泰特曼的论文，他们援引1982年的一份股票经纪人手册指出："通过买入高股息股票，基于预期收入，大部分投资者会说服自己相信，他们是谨慎的。他们感觉到，股价上涨潜力是额外的利好。如果股票价格跌破买入水平，那么他们会安慰自己，股息也能带来回报。"作者指出，如果卖出股票获得了收益，那么投资者会将这样的收益认为是"额外利好"。而如果出现亏损，那么投资者会认为，股息"可以带来安慰"。在心理学上，亏损对投资者的影响更大，因此投资者希望避免亏损。这预示了他们更倾向于获得现金股息，从而避免亏损的出现。

谢弗林和斯泰特曼还提供了第三种解释：避免遗憾。他们认为，可以思考以下两种场景：

1. 你收到了600美元现金股息，并用这笔钱购买了一台电视机。

2. 你出售了600美元股份，并用这笔钱购买了一台电视机。

在购买之后，股票价格出现大幅上涨。那么，哪种场景会令你更遗憾？由于现金股息和自制股息可以相互替代，因此投资者对于第二种场景的遗憾程度不应当大于第一种。然而，行为金融学的研究表明，许多人认为，出售股份带来的遗憾更强烈。因此，对遗憾感到厌恶的投资者会更倾向于现金股息。

谢弗林和斯泰特曼随后解释称，相对于没有做出操作，做出操作会导致投资者出现更强烈的遗憾情绪。在出售股份获得自制股息的过程中，投资者必须做出决策，以获取现金。如果消费的资金来自股息，那么投资者不必做任何操作，因此也不会有强烈的遗憾情绪。这再次说明了为何投资者偏好现金股息。

作者还称，在投资者的生命周期中，对现金股息的偏好可能会发生改变。正如此前提到的，自我控制的行为机制可以解释，为何投资者希望只将投资组合产生的现金流用于消费，且永远不违反这个原则。年轻投资者的收入更多来自劳动力资本，他们可能偏好低股息率的投资组合，因为高股息率策略不利于鼓励储蓄。另一方面，已退休投资者没有任何劳动收入，他们可能由于同样的原因更偏好高股息率策略，这样的策略鼓励消费（利用资本去消费）。对证券公司账户的一项研究表明，对股息的偏好与投资者年龄表现出明显的正相关关系。

总而言之，对现金股息的偏好是一种异常，无法基于投资者的"理性"决策用传统经济学理论做出解释。然而，面临自我控制难题（例如存在冲动购物缺陷）的投资者可能会发现，即使涉及额外成本，但由于可以避免行为学问题，因此现金股息策略对他们来说是理性的。

现实世界的阻力

不幸的是，我们并非生活在没有阻力的世界中。只要阻力存在，我们就会更偏好资本收益而非股息，抑或相反。例如，如果相对于长期资本收益，股息所得税税率更高，那么应税投资者就会更偏好资本收益（对于无资质的股息支付者，例如房地产投资信托（REIT）和商业开发公司（BDC）来说，过往和目前的情况都是如此）。然而，即使是在当前的纳税体系下，应税投资者也会更偏好资本收益。在获得自制股息的过程中，投资者只应出售能获得长期资本收益的股份，税率仅适用于收益部分，而不是卖出总价。如果获得现金股息，那么股息总额都是应税的。此外，投资者可以选择成本基数最高的部分来出售，从而使纳税额最小化。如果以亏损价出售股份，投资者还可以获得减税待遇。即使对有利税率账户，在全球范围内分散投资（一种谨慎的策略）的投资者也会更偏好资本收益。因为对于这类账户，与股息相关的国外税收抵免没有任何价值。最后，如果股息带来的资金超过了投资者消费需求，那么总回报方法不仅可以避免过多的股息纳税，产生时间价值，还能避免股息发放导致投资者面临更高的纳税等级。

交易成本或许是投资者偏好股息的另一方面原因。假定所有资产都处于有利税率账户中，且都是国内资产。在这样的情况下，纳税不会带来任何阻力。如果获得自制股息产生了交易费用，而这种费用原本可以通过现金流方法来规避（股息带来了现金流），那么就会导致对现金股息的偏好。在当前环境下，由于佣金率非常低，许多共同基金的交易成本接近于0，因此这可能已经不再是个问题。

在下结论之前，我们还可以看看最近几篇论文关于这方面问题的讨论。对研究股息策略的投资者来说，这可能会带来有用的启发。首先是2014年的论文《提高收益率策略的投资业绩》，论文的数据来自1972年至2011年。论文作者维斯利·格雷和杰克·沃格尔发现，通过扩大股息收益的定义，加入其他3种指标，股息收益带来的解释能力将会有明显提升。这3种其他指标分别为：

- PAY1：股息加股票回购

- PAY2：股息加净股票回购（股票回购减去净股票发行）

- SHYD：股东收益率，将净负债的部分偿还纳入收益率计算中（净债务部分偿还收益的衡量方式是企业净债务每年的变化相对于总市值的比例）。

以下是格雷和沃格尔研究结果的要点：

- 在PAY2收益率（即股息加净股票回购）中加入净债务部分偿还将有助于优化投资业绩。

- 没有任何证据表明，高股息策略能系统性地带来更好的表现。

- 从1972年到2011年，SHYD指标最高的公司平均月回报率为1.3%，具有统计学意义的三要素α为每月0.25%。这要好于简单的股息收益率策略（DIV）。后一策略的月平均回报率为1.2%，具有统计意义的α为每月0.17%。

－ 在过去40年的30年中，PAY1、PAY2和SHYD带来的表现都要好于简单股息收益率策略。

－ 在几乎所有的子样本期中，SHYD指标都能带来最好的表现。

格雷和沃格尔还发现，股息收益率较低的公司表现要好于股息收益率较高的公司。他们认为，将净负债部分偿还加入股息收益率指标中可以明显优化高收益率投资策略。这在意料之中，因为将股票回购和负债水平变化与股息合并考虑可以带来更有效的收益率数据，同时也符合直观感受。股票回购、负债降低或是支付股息都是将现金回馈给股东的有效方式。这也表明，为何单纯的股息无法成为一种要素。此外值得注意的是，投资者可以将这些指标视为质量或盈利能力指标。如果收益率高而股息较低，那么企业的发展将会更具可持续性，这样的企业甚至会增加股息。

需要指出，投资者在很长时间里一直认为，股票回购是件好事。然而，在1983年之前，监管层面的限制导致企业很难以激进方式去回购股票。在监管调整之后，古斯塔沃·格鲁隆和罗尼·麦克利在2002年的论文《股息、股票回购及替代假设》中指出："股票回购不仅是美国企业回馈股东的重要方式，企业也在利用原本被用于提高股息的资金去进行股票回购。"他们的结论是："企业正逐渐用股票回购去取代股息。"

支付股息的股票以及对利率风险的敏感程度

从传统金融学理论来看，支付股息的股票对利率的敏感程度较低，因为相较不支付股息的股票，它们的现金流持续时间较短。高增长公司倾向于支付较低的股息，但这些公司未来的增长率较高。这导致它们的现金流分配倾向于最遥远的未来。与之相比，股息较高的公司通常现金留存率较低，而未来增长率也较低。这导致它们的现金流分配时间更短。因此一种定价模型预测，支付股息较少的股票现金流久期更长。由此我们可以预计，支付股息的股票，尤其是股息相对较高的股票，对利率风险的敏感程度较低。然而，姜浩和孙政在2015年的论文《股票久期：高股息股票之谜》中发现，实际数据与传统理论完全相反。这篇论文的数据来自1963年至2014年。

他们发现，"从对利率的敏感程度来看，投资组合的久期会随收益率的上升单调递增。在长期债券收益率上升时，高股息股票通常会出现回报率的下降。而在利率上升时，低股息股票通常回报率上升。"在研究的样本期中，当利率下降1％时，高股息股票的回报率通常会上升1.35％，而低股息股票的回报率通常会下降1.12％。两种现象都具备统计学意义，信心水平为1％。高股息股票和低股息股票的估计久期差异为2.46％，具备统计学意义。在使用股息支付率（股息除以账面价值）指标来替代股息额时，作者看到了同样的结果。此外他们还发现，在整个样本数据期内，高股息股票带来的长久期非常明显，而在接近样本数据期末时，这种效应表现得尤为显著。

姜浩和孙政发现，这样的结果并非由于高股息股票存在较高的股票市场β（对股票风险有更高敞口）。实际上，这样的股票市场β较低。他们还发现，"尽管股市和债市回报率相关性的波动非常剧烈，从很高的负数一直到很高的正数，但过去50年中，高股息股票的长久期一直保持稳定。"

关于股息折扣模型和久期，还有一个问题值得讨论：现金流的不确定性尚未被考虑在内。由于远期现金支付对总现值的影响较小，因此相对于无风险证券，有风险证券对利息的变化可能不太敏感，久期也更短。相关学术论文有力地论述了现金流风险和股息之间的关系。研究发现，如果面临较高的不确定性，企业通常不愿发放较高的股息；如果利润较低，那么会降低未来的股息支付。这导致了股息和企业现金流风险之间的负相关关系。如果高股息股票想要降低现金流风险，那么对利率变化的敏感程度就会变高。投资者有种观念，即支付股息的股票是相对安全的投资，这降低了现金流折扣率，提高了久期，导致了对利率风险的敏感程度上升。这有助于解释，为何实际数据与传统理论相互矛盾。

关于姜浩和孙政的发现，还有另一种解释：自2008年以来，投资者对来自股息发放的现金需求上升，驱动了这类股票估值的上涨，降低了对预期回报率的折扣率（以及预期的未来回报），从而提高了久期。

有趣的是，姜浩和孙政发现，一般来说，机构投资者倾向于规避高股息股票。这与其他研究的结论一致，表明偏好高股息股票的主要是散户投资者。实际上，他们还发现，在高利率环境下（长期利率排名前20％的季度），各类机构投资者，包括银行、保险公司、共同基金、养老金基金、慈善基金和投资顾问，相对大盘都倾向于减持高股息股票。另一方面，在低利率环境下（长期利率排名后20％的季度），机构投资者对高股息股票的厌恶情绪有所减退。相对于大盘，共同基金和保险公司倾向于增持高股息股票。共同基金表现出的这种倾向性最明显。当利率较高时，共同基金相对于大盘会减持高股息股票，而当利率较低时它们又会增持这样的股票。

作者发现，共同基金对高股息股票的偏好可能是由收入型基金的行为驱动的。收入型基金会增持高股息股票，减持低股息股票。此外，收入型基金对高股息股票和低股息股票的配置取决于利率水平。当利率较低时，收入型基金表现出持有高股息股票的强烈偏好。当利率较高时，收入型基金则不愿意增持高股息股票。

姜浩和孙政还发现，在利率较低的情况下，共同基金投资者会将不成比例的更多资金投入收入型基金。收入型基金相对于全市场基金的额外资金流入与长期利率之间的时序相关性为−50％，并具有统计学意义，信心水平为1％。他们对流入收入型基金的资金进行了分析，发现"资金流不仅与基金净回报率相关，也与股息收益率有关，股息对基金资金流的影响高度依赖利率水平。尤其是在利率较低时，客户资金向收入型基金的流动使这类基金有能力产生收入（股息），从而增强带来总回报的能力。竞争压力很自然地导致收入型基金在低利率环境下尝试获得更多股息"。他们提出，投资者偏好的改变对于基金的股息策略有更重要的意义，因此利率上升可能会导致预期之外的负面后果。

还有一点需要讨论。高股息策略是价值策略的另一种形式。考虑到这点，我们可以比较不同价值策略的回报率，看看高股息策略的效果有多好。从1952年至2015年，股息股价比溢价为2.4％，账面价值股价比溢价为4.1％，现金流股价比溢价为4.7％，利润市值比溢价为6.3％。股息股价比溢价不仅最低，其t统计量也唯一未能达到统计意义水平。这一t统计量只有1.2，而其他的t统计量分别为2.4、2.9和3.4。因此，这种溢价不仅最低，在统计意义上与0的差别也不大。

总而言之，无论是金融理论还是研究证据都无法证明，投资者可以将股息作为构建投资组合的一种要素。考虑到这种策略的负面因素，例如导致投资者丧失分散投资优势以及带来纳税问题，除非你对谢弗林和斯泰特曼描述的心理满足感有强烈需求，否则就没有任何理由使用股息这种要素。

YOUR COMPLETE GUIDE TO
FACTOR-BASED INVESTING

附录 D　低波动性要素

资本资产定价模型（CAPM）是金融学家设计的第一种正式资产定价模型，这种模型存在某些严重问题。例如，资本资产定价模型预测，风险和回报之间存在正相关关系。然而，实证研究表明，这样的关系为零，甚至是负数。过去50年，相对最具进攻性（高波动率、高风险）的股票，最具防御性（低波动性、低风险）的股票不仅带来了更高的回报率，还带来了风险调整后的回报率。此外至少以波动性来看，防御性策略基于法玛-弗兰奇三要素和四要素模型带来了更高的 α 。

学术界最初于1970年代初记录了低波动性股票更好的表现，其发现者包括费斯切·布莱克（1972年）等人。当时，规模和价值溢价尚未被发现。低波动性异常被发现存在于全球各地的股票市场。有趣的是，这项发现不仅适用于股票，也适用于债券。换句话说，这种现象是普遍存在的。

尽管我们的分析将专注于低波动性，但波动性与市场 β 之间紧密相关（正如我们在第一章中对市场 β 的讨论）。两者的证据非常相似。因此，我们对低 β 要素给出与低波动性要素同样的建议。

对异常的解释

大卫·布里茨、埃里克·伏尔肯斯坦和皮姆·范威列特于2014年发表论文《波动性效应的解释：基于资本资产定价模型的假设概览》，回顾了学术界关于波动性效应的解释。在论文开头，他们指出，资本资产定价模型在实践中的问题必定是由于模型的一个或多个基本假设不符合现实。尽管模型可以帮助我们理解市场如何运转以及市场如何决定价格，但从定义上来说模型存在缺陷，甚至错误。否则，这样的模型就应当被称作定律，正如物理学定律一样。

资本资产定价模型的假设之一是，杠杆或做空没有任何限制。然而在现实世界中，许多投资者要么因为各种限制而无法利用杠杆（根据它们的章程），要么对杠杆有厌恶情绪。做空的情况也是如此。某些很难借入的股票借入成本会非常高。这些限制导致套利者很难修正定价错误。资本资产模型的另一假设是市场上没有任何阻力，既不存在交易成本，也不需要纳税。当然在现实世界里，成本是存在的。证据表明，定价错误最严重的股票通常是做空成本最高的股票。

因此，可以这样解释低波动性异常：面对限制和阻力，希望增加回报的投资者会使投资组合偏向高 β 股票，从而获得更高的股票风险溢价。对高 β 股票的高需求及对低 β 股票的低需求，或许可以解释不同于资本资产定价模型所预测的、风险和预期回报之间为零（甚至为负）的相关关系。

监管层面的限制因素可能也是导致异常的原因。布里茨、伏尔肯斯坦和范威列特解释道："监管机构通常不区别不同的股票类型，只考虑投资股票的资金总量，以确定所需的偿付能力缓冲。具体案例包括巴塞尔协议 II 和巴塞尔协议 III 框架中的标准模型（设定固定资本费用为持股总额的23.2％）、偿付能力监管标准 II（设定固定资本费用为持股总额的32％）以及荷兰的养老金财务评估制度（规定固定资本缓冲为持股总额的25％）。在这样的监管体系下，如果投资者希望使股票敞口最大化，同时使相关资本费用最小化，那么就会被股票市场的高波动性部分所吸引，因为这可以使每资本费用单位的股票敞口最大化。"

长期以来的学术研究指出，限制做空会导致股票价格高估。布里茨、伏尔肯斯坦和范威列特也解释了为何高风险股票会被高估："在做空很少或没有做空的市场中，对特定股票的需求来自少数对该股票预期最乐观的投资者。这被称作赢家诅咒。随着风险的上升，意见分歧会逐渐增大，因此相对于低风险股票，高风险股票更可能被高估，因为持有者的偏见最严重。"

基于资本资产定价模型的其他假设包括投资者厌恶风险、希望绝对财富的预期效用最大化以及只关心回报的平均值和方差。然而我们知道，这些假设是站不住脚的。在现实世界中，对类似彩票的投资，即回报率表现出正偏态和额外峰度的投资，投资者也有一定的偏好，导致他们不理性地投资回报率较差的高波动性股票（这类股票的股价分布类似于彩票的收益）。他们为这样的赌博式投资支付溢价。"彩票型"股票包括首次公开招股的股票、尚未盈利的小市值成长型股票、低价股以及已破产的股票。套利限制，以及做空成本和对做空的畏惧导致理性投资者难以修正错误定价。

资本资产定价模型也假定，投资者会努力让个人财富的预期效用最大化。然而研究表明，投资者个人更关心的是相对财富。例如有研究表明，"大部分人愿意在其他人挣9万美元的情况下挣10万美元，而不是在其他人挣20万美元的情况下挣11万美元。人们更偏好较高的相对财富，而不是较低的绝对财富。"布里茨、伏尔肯斯坦和范威列特指出，以绝对回报为导向和以相对回报为导向的投资者同时存在，导致了证券市场线的部分平直化（回报率不会随β的增长而单调增长，β最高的股票出现最低的回报率），而平直化程度取决于相对回报投资者和绝对回报投资者的占比。我们注意到，波动性造成的结果通常与β非常类似。资本资产定价模型还假定，股票经纪人会确保选择价值最大化。然而在现实世界中，情况并非总是如此，因为现实世界投资者会存在各种偏见。例如，作者援引2012年纳丁·贝克尔和罗伯特·豪根的论文指出，"投资经理通常拿基本工资，并在业绩足够好的情况下获得奖金。他们认为，这种薪酬体系与相对投资组合回报率买入期权行为类似，通过构建波动性更强的投资组合，期权价值出现上升。换句话说，职业投资人及其客户之间存在利益冲突，前者有动机主动参与寻求风险的行为，而后者则正如资本资产定价模型假设的一样更厌恶风险。"

布里茨、伏尔肯斯坦和范威列特指出，关于选择权的解释还可以更进一步，即"认为顶级投资经理获得的回报要远大于普通投资经理。例如，顶级投资经理可以获得外部投资者不成比例的关注度，比如登上《彭博市场》杂志的封面。为了成为顶级投资经理，他们必须取得极高的回报率。这可以向未来的潜在投资者和雇主表明，自己能力超群。因为对于略好于平均水平的业绩而言，人们很难分辨这是由于投资技巧还是运气。如果投资经理希望在短时间内实现极高的回报率，那么就需要操作高短期回报率的高风险股票，而这类股票的长期预期回报率较低"。

资本资产定价模型还假定，投资者充分掌握信息，并且理性处理所掌握的信息。然而，我们也知道现实并非如此。研究表明，共同基金和散户投资者都倾向于持有更受媒体关注的公司股票。换句话说，他们倾向于买入吸引眼球的股票（这类股票会出现较高的异常交易量）以及近期回报率极高的股票。由眼球驱动的买入行为或许是由于投资者很难从数千只可购买的股票中选出目标，因此只能选择更受关注的目标。这样的买入会暂时推高股票价格，但导致长期回报率较差。能吸引关注的股票通常是高波动性股票，低波动性股票通常会被投资者忽视。因此，这种现象也提供了关于波动性效应的另一种解释。

研究还表明，包括主动管理型基金经理在内的投资者会过度自信。因此，我们看到了资本资产定价模型的另一项假设，即理性信息处理假设被打破。对波动性效应的影响在于，如果主动管理型基金经理能力很强，那么活跃于股市的高波动性板块是合理的，因为这个板块能确保个人能力产生的回报最大化。然而，这也导致了对高波动性股票的额外需求。

学术研究提供了多种可能的解释。很明显，许多解释要么着眼于市场中的限制，要么着眼于机构带来的问题导致基金经理偏向于高波动性股票。由于没有任何机制能抑制这些问题，因此异常很可能会持续。人性很难改变，没有任何理由认为投资者会放弃对"彩票型"投资的偏好。套利限制、做空成本以及对做空的担忧，这些因素导致套利者很难修正错误定价。

证据

在2016年的论文《理解防御型股票》中，罗伯特·诺威–马克斯研究了从1968年到2015年的数据。他们发现，将股票按照波动性或市场β分成5类，排名最前的一类股价明显表现较差，而其他4类的表现非常类似或是与大盘相仿。实际上，波动性排名第二（第四）的一类回报率最高，随后分别是第三、第二和第一类。这种非线性关系与我们此前推荐过的所有要素都不相同，其他要素的回报率会按照排序呈线性变化。由于这里的分类依据是波动性或β，因此风险调整后的指标，例如夏普比率和资本资产定价模型的α将会更单调。

诺威–马克斯发现，高波动性和高市场β股票更可能来自小市值、未盈利、成长型的公司。这可以解释，为何大部分激进风格股票的绝对表现较差。这些股票通常被称作"开奖型股票"或"彩票型股票"。这些高风险（小市值、未盈利、成长型）股票的表现较差，但是占总市值的比例非常小，这就导致了防御型股票的异常表现。诺威–马克斯还发现，股票的盈利能力与波动性表现出非常明显的负相关关系，而盈利能力也是预测低波动性最有用的工具。

诺威–马克斯发现，通过加入盈利能力要素，防御性策略（低波动性策略）的表现可以通过控制常见要素，例如规模、盈利能力和相对价值要素，得到很好的解释。他还发现，防御性策略会明显倾向于大市值股票（在样本的两端，低波动性股票的市值是高波动性股票的30倍，多空投资组合的规模要素敞口为−1.12）、价值型股票（多空投资组合的价值要素敞口为0.42）及盈利的股票。对盈利能力的偏向掩盖了防御性策略对价值的偏向。由于价值和盈利能力通常存在非常明显的负相关关系，因此除非对盈利能力进行控制，否则防御性策略的价值要素敞口会降低。诺威-马克斯还发现，法玛-弗兰奇三要素 α 的5/6（每月68个基点中的57个）来自策略做空一端的激进风格股票，只有1/6（约每月12个基点）来自防御性股票。他还发现，低 β 策略也表现出类似的结果。

诺威-马克斯的成果证明，小市值成长型股票回报率较差，这种异常来自账面价值通常为负数的未盈利股票。小市值股票防御性策略的成功是规避这些高风险股票的结果。其他要素的收益率基本平均来自做多和做空两端，而低波动性（以及低 β）策略的大部分回报率来自做空一端，而不是由于低波动性策略本身。换句话说，在考虑规模、相对价值和盈利能力之后，防御性策略的表现已经可以得到很好的解释。

诺威-马克斯举例说明了这个问题。如果在1968年初，对小市值成长型股票（平均来看，这类股票数量占总数的37.7%，但市值仅占5.3%）防御性策略投资1美元，那么到2015年底，在不考虑交易成本的情况下将增长至431美元。如果对小市值价值型股票或大市值成长型股票的防御性策略投资同样多的资金，那么最终分别只会增长至2.79美元和1.23美元。如果投资大市值价值型股票的防御性策略，那么到2015年底将只会剩下0.27美元，亏损达到73%。作为对比，1美元投资美国国债将增长至10.30美元。

诺威-马克斯的结论是："尽管再次确认，大部分激进风格股票的绝对表现较差，但这也表明，防御性策略的表现可以用回报率截面差异的已知因素来解释。"此外他还指出："防御性策略是利用额外红利的有效方式，帮助我们更好地直接获得这些红利。防御性策略给未盈利、小市值成长型股票带来的走后门路线从交易流程上来看是低效的，会涉及严重的再平衡和较高的交易成本。"

更多证据

其他人的研究也发现，在配置低波动性策略时存在问题。例如，李席、罗德尼·萨利文和路易斯·加西亚-菲乔于2014年发表了论文《套利限制和低波动性异常》。他们发现，做多低波动性的同时做空高波动性投资组合带来的额外回报只会在投资组合创立的首月出现，而这些额外回报会被低流动性股票（例如低价/高波动性的股票）带来的高交易成本抵消。他们还发现，如果忽略低价股，即价格低于5美元的股票，那么价值加权投资组合的异常回报率将基本消失。这样的异常回报率在平均加权投资组合中完全不存在。实际上，波动性最高1/5股票的平均价格仅略高于7美元。这表明，大部分这类股票都是"低价股"。最后他们发现，自1990年以来，低风险效应明显变弱。当时，美国通过了打击低价股交易欺诈的新监管规定。（需要指出，许多高β股票在".com泡沫"破灭后不复存在。自那时以来，美国股市的股票数量大幅下降。）作者认为："我们的发现令人怀疑，低风险交易策略是否能带来实际的盈利。"

布拉德福德·乔丹和蒂莫西·莱利2016年发表论文《波动性异常的做多和做空》。论文的数据来自1991年7月至2012年12月。这项研究的动机是，此前的研究表明，对于高波动性股票和做空意愿高的股票，风险调整后的未来表现都相对较差。（传统观念认为，做空意愿强烈是一种看多信号，因为这预示着未来会出现来自抛空回补的买入。然而现实情况是，做空意愿较高的股票平均表现较差。）然而到目前为止，没有任何人将这两者合并研究。

作者发现，尽管平均来看，前期波动性较高的股票表现不如前期波动性较低的股票，但在这些股票中，做空意愿低的股票表现出额外较高的回报率，做空意愿高的股票表现出额外较低的回报率。总而言之，高波动性本身并不能预示未来较差的回报率。他们甚至发现，从1991年7月到2012年12月，波动性高、做空意愿低的股票跑赢了CRSP价值加权指数，幅度为每年7%，四要素α为每年11%。相反，如果投资组合做多波动性高、做空意愿高的股票，那么四要素α为每年−9%。

另一项重要发现是，在市场动荡期间，例如".com泡沫"破裂和全球金融危机期间，波动性高、做空意愿低的股票能跑赢市场。在".com泡沫"期间，平均加权的高波动性、低做空意愿投资组合年复合回报率要比CRSP价值加权指数高3.5%。在金融危机期间，这一差别达到10.8%。

重要的是，乔丹和莱利的发现对于单纯做多策略很有意义，因为买入高波动性、低做空意愿的股票可以规避做空策略的高昂成本，绕开套利限制。尽管他们发现，高波动性、低做空意愿股票的流动性要差于平均水平（因此，股票操作成本可能会导致回报率无法完全实现），但高流动性和低流动性股票之间的表现并没有明显差异。做空意愿低的股票通常是市值较高的股票，交易量大。高波动性、高做空意愿股票的平均规模为5.56亿美元，而高波动性、低做空意愿股票的平均规模约为20亿美元。因此，单纯做多的投资者可以筛除低流动性股票，或是采取耐心的交易策略，确保交易成本最小化。

作者得出的结论是，"高波动性并不一定是坏事。"他们的解释是，"1.估值困难、波动性高的股票会同时表现出正向和负向的估值错误；2.做空者习惯于识别并利用这些估值错误。"

值得指出，在配置结构化投资组合策略的过程中，DFA和其他公司对做空意愿信息的利用已有很长时间。在股票出借市场上，如果某只个股出现了"特别"的表现（意味着借入率非常高），它们就会把该股票从买入清单上暂时移出最多15天。它们早已发现，较高的借入成本，尤其是小市值股票较高的借入成本，预示了短期回报率会变差。不过需要注意，这并不意味着做空该股票能带来收益，因为股票借入成本可能会非常高，导致在计算所有成本之后，投资者无法获得任何 α 。不过，通过避免买入更多这样的股票，投资组合的业绩就不太容易受到严重的不利影响。

我们还要讨论另一个问题：对期限要素有敞口的低波动性策略。

期限风险

低波动性策略存在对期限风险即久期要素的敞口，这并不奇怪。一般来说，低波动性/低 β 股票更类似于债券。这些通常包括大市值股票、盈利且支付股息的股票以及有着不错增长机会的股票。换句话说，这些股票表现出安全属性，而不是风险和机会属性。因此，它们的表现与长期债券回报率相关性较高。罗尼·沙阿2011年发表论文《理解低波动性策略：最小方差》。论文发现，从1973年到2010年6月，低 β 策略存在期限风险敞口。"载荷因子"（即敞口的程度）为具备统计学意义的0.09（t统计量为2.6）。此外，周泽曼、杰森·许、寇立兰和李飞飞于2014年发表论文《低波动性投资组合构建方法的研究》。论文发现，对赌 β （BAB）要素和久期要素之间的相关性为0.2。利用从1929年开始的美国市场数据，以及从1988年开始的全球市场数据，大卫·布里茨、巴特·范德格里恩特和皮姆·范威列特在2014年的论文

《低波动性策略的利率风险》中得出了类似结论。他们还指出，低波动性策略中的债券敞口无法完全解释长期价值的增加。

考虑到对期限风险的正敞口，自1982年开始的债券周期性牛市令低波动性股票受益。目前，由于利率处于历史低位，因此这样的牛市已无法再重现。

对低β的支持

上文提到的，安德里·弗拉奇尼和拉塞·佩德森2014年发表的论文《与β对赌》提供了对低β策略的强有力支持。他们发现，对于美国市场股票，从1926年到2012年3月，对赌β（BAB）要素（持有低β资产，做空高β资产）的夏普比率为0.78，比同期价值效应的夏普比率高约一倍，比动量效应高40％。他们还发现，在考虑对市场β、价值、规模、动量和流动性要素的已有敞口之后，对赌β要素能带来显著的风险调整后收益。实际上，从1926年至2012年，对于4个20年周期中的每一个，对赌β要素的回报率都明显为正。此外，他们对19个国际股市的分析也显示出类似结果。作者进一步发现，对于不同国家市场、不同时间、不同规模、不同的特异风险，对赌β带来的回报率均表现稳定，且对多种定义表现出持续的稳健性。这样的结果不太可能用巧合或数据挖掘来解释。

作为进一步的证据，弗拉奇尼和佩德森发现，在他们研究的每种资产类别中（股票、美国国债、信用市场以及货币和大宗商品期货市场），随着β的上升，α和夏普比率几乎总是单调下降。他们的结论是："这个发现提供了广泛的证据，即证券市场线的相对平直并不是美国股市的孤立现象，而是普遍存在的全球现象。因此，这种对回报率的要求可能是由普遍的经济因素引起的。"

国际股市也提供了关于低波动性策略的证据。在2007年的论文《波动性效应：不会造成低回报的低风险》中，大卫·布里茨和皮姆·范威列特发现，低波动性策略适用于全球发达市场的大市值股票。从1986年至2006年，波动性最低和最高股票之间的年回报率差达到5.9％。风险最低的1/10股票夏普比率为0.72，而市场平均水平为0.40，波动性最高的1/10股票为0.05。这样的结果同样出现在美国、欧洲和日本市场。在2013年的论文《新兴市场的波动性效应》中，大卫·布里茨、庞娟和皮姆·范威列特将这些结果拓展至新兴市场。利用30个新兴市场国家从1988年至2010年的数据，他们发现，年回报率差为2.1％。有趣的是，回报率随着波动性的提升而提升，但波动性最高的1/5股票回报率却最低。

以上证据有力地说明了低β要素的普适性、持续性和稳健性。正如我们之前所讨论的，套利限制和其他限制可以直观地解释，为何这种溢价能持续存在。因此，或许低β要素也符合我们的全部标准。即便如此，我们仍然要对这种投资策略做出警示，至少是在将这种策略用于股票投资的情况下。

低波动性策略是否已被过度利用？

与许多被广泛认知的异常和要素类似，低波动性要素也可能被过度利用。关于低波动性溢价研究论文的发表，以及2008年金融危机造成的熊市，导致低波动性策略更受关注。例如截至2016年4月，5只这样的ETF基金管理资产总额（AUM）至少达到20亿美元。

－景顺标准普尔500低波动性投资组合（SPLV）：68亿美元

- 安硕MSCI最小波动性美国ETF基金（USMV）：124亿美元

- 安硕MSCI最小波动性新兴市场ETF基金（EEMV）：34亿美元

- 安硕MSCI最小波动性全球ETF基金（ACEV）：28亿美元

- 安硕MSCI最小波动性欧洲澳洲远东ETF基金（EFAV）：67亿美元

现金流入导致了防御型（低波动性/低β）股票估值的上升，严重降低了它们对价值溢价的敞口，从原本的较高敞口降低至0甚至负数，拉低了预期回报率。特别是，随着低波动性股票被炒作，低波动性投资组合可能会失去价值属性，导致前瞻回报率降低。

我们特别关注最大的两只低波动性ETF基金的估值指标，即安硕 MSCI最小波动性美国ETF基金（USMV）和景顺标准普尔500低波动性投资组合（SPLV）。随后，我们将它们的估值指标与大盘导向型基金：安硕罗素1000ETF基金（IWB）以及安硕罗素1000价值ETF基金（IWD）进行对比。表D.1基于截至2016年4月底的晨星数据。

表D.1 价值指标

	USMV	SPLV	IWB	IWD
市盈率	21.2	19.9	18.3	16.5
市净率	3.1	3.1	2.4	1.6
市现率	11.9	11.6	9.3	7.9

数据明确表明，对这些策略的需求正在改变它们的本质。以往，相对于罗素1000指数，USMV和SPLV的估值指标都具有价值特征。然而，这些指标目前看起来并不像是价值型基金。它们的市盈率、账面市值比、市售率和市现率都要略高于IWD。实际上，它们的指标表明，与类似大盘的IWB相比，这两只基金都要更偏向于"成长型"。换句话说，由于存在事前的价值溢

价，低波动性预示的不再是高回报率，而只是未来较低的波动性。

尽管投资者总是倾向于以较低的估值买入股票，但我们不清楚的是，估值对于低波动性策略究竟有什么样的影响。2012年，皮姆·范威列特发表论文《当一般低波动性成本高涨时，加强低波动性策略尤其有帮助》，在一定程度上解释了这个问题。利用1929年至2010年的数据，他发现，尽管平均来看，低波动性策略对价值要素有敞口，但这样的敞口会随时间变化。低波动性要素有62%的时间处于价值型范畴，有38%的时间处于成长型范畴。

这种变化影响了低波动性策略的表现。当低波动性股票具备价值型敞口时，这些股票能跑赢市场，年平均回报率为9.5%，高于市场平均的7.5%。低波动性要素也表现出更低的波动性，年标准差为13.5%，低于市场平均的16.5%。然而，当低波动性股票出现成长型敞口时，这些股票会跑输市场，年平均回报率为10.8%，低于市场平均的12.2%。这时，低波动性要素仍然表现出较低的年波动性，为15.3%，低于市场平均的20.3%。因此最终结论是，无论在何种情况下，低波动性股票都可以带来更高的风险调整回报率。总而言之，无论在什么情况下，历史较低的波动性都可以预示未来较低的波动性。然而，当低波动性策略对价值要素出现负敞口时（例如2016年年中的情况），也会出现低于市场平均水平的回报率。

证据表明，如果投资工具排除了高波动性（或高β）、高风险股票，那么就可以得到更好的回报率。换句话说，你应当直接投资规模、价值和盈利能力要素，而不是采用间接方式（例如投资防御性策略）。

最后需要指出，低波动性异常更多地来自高波动性（或高β）股票的较差表现，而不是低波动性（或低β）股票的较好表现。因此，如果希望利用这种异常，你要么避免高波动性/高β股票，要么投资排除了这些股票的基金。

我们的结论是，似乎有证据表明，低波动性是一种独特的要素。这部分是由于套利的限制，部分是因为投资者对彩票型股票的偏好。从历史上来看，低波动性表现出的特征与期限、价值和盈利能力要素相关，因此溢价也与这些要素相关。然而，你应当保持警惕。由于利率处于历史低位，因此期限要素不太可能带来像以往一样的回报率。此外，近期对低波动性股票的强烈需求已导致这类股票失去了过去几十年一直存在的价值敞口。

低波动性要素和其他要素之间的互动和关联仍然是热门研究课题。我们还不清楚，低波动性要素的最终情况会是如何，但相关资产的高估值及低利率水平足以令我们对这种策略感到担忧。

YOUR COMPLETE GUIDE TO
FACTOR-BASED INVESTING

附录 E　违约要素

违约要素（DEF）的定义是，用长期投资级债券（20年期）的回报率减去长期政府债券（同样为20年期）的回报率。从1927年至2015年，违约要素的年平均溢价只有0.3％。很明显，企业债券的违约风险要高于获得美国政府背书的债券。因此，关于这种溢价的来源，业内并没有争议（这与我们讨论过的其他要素不同）。

尽管对于溢价成因没有争议，但从历史上来看，接受信用风险并不一定能带来很好的回报率：这样的溢价只有每年0.3％。此外在这一期间，该溢价的t统计量只有0.61。这表明，从统计学上来看，该溢价与0相差不大。在历史上，债券市场共同基金接受投资级企业债风险换来的溢价（相对于美国政府、美国政府机构或政府资助的实体发行的债券）非常接近于0，甚至有可能是负数。典型的美国政府机构包括联邦住房贷款银行和田纳西河谷管理局，典型的政府资助实体（GSE）则包括房利美和房地美。这也可以解释，为什么在债券市场，我们唯一推荐关注的要素是期限要素。

需要指出，违约要素0.3％的微薄溢价还没有考虑交易企业债产生的高昂成本，以及企业债基金通常会收取的较高费率。美国政府债券市场是全球流动性最强的市场，因此交易成本最低。由于美国政府有义务不给美国国内投资者造成信用风险，因此没有必要对违约风险进行分散。然而如果你投资企业债，那就需要分散违约风险。分散投资是持有共同基金最大的好处，因此你需要支付基金费用，并承担交易成本。最终结果是溢价低于纸面水平。另一方面，通过直接向政府购买美国国债，投资者可以避免共同基金的费用。

此外还有一个问题也不利于违约要素。除非基金遵循401（k）计划、其他类似的养老计划或529计划，否则投资者可以购买由联邦存款保险公司承保的存款单，而这些存款单的收益率通常要高于美国国债和政府债券（不过存款单的到期时间通常被限制为10年）。在这样的情况下，他们也可以避开信用风险。例如，到本书成稿之时（2016），5年期和10年期存款单的收益率大约比同样期限美国国债的收益率高0.75％。这样的溢价要远高于违约溢价，而且投资者还不必承担企业债基金引起的费用和交易成本。因此，共同基金带来的唯一好处就只有便捷性。

尽管同样期限的企业债收益率要高于政府债，但在历史上，这样的额外收益率会被一系列因素所抵消，包括信用损失、企业债基金通常高于政府债基金的费率（这是由于需要分析企业债发行方的信用风险）以及其他与企业债相关的问题（例如赎回期权）。赎回期权的存在使发行方有权收回（提前偿还）债券。如果利率出现明显下降，可以负担收回旧债券、发行新债券的费用，那么企业债发行者就会这样做。如果投资者持有高收益率债券，但却被发行者提前赎回，那么就不得不以较低的利率去购买新债券。美国国债在发行时很少出现赎回期权的情况。

违约要素还有另一个问题：相对于我们推荐的其他要素，这种要素的持续性较差。表E.1显示了从1927年至2015年的违约溢价。请注意，这一数据要远低于期限要素（如表6.1所示）或是我们讨论过的其他任何要素。

表E.1 跑赢的概率（％）

	1 年	3 年	5 年	10 年	20 年
违约	53	54	56	58	61

在这一期间，违约溢价的夏普比率只有0.06，远低于我们所推荐要素的最低夏普比率（即0.24）。

尽管在全球范围内，数据的历史较短，但我们也掌握了全球信用溢价的证据，具体衡量方式是巴克莱全球聚合企业指数和巴克莱全球国债指数年平均回报率的差值。从2001年至2015年，年溢价为0.9％，低于我们所推荐的其他溢价。这里的溢价同样忽略了配置成本，同时也意味着放弃了低风险、高回报的美国联邦存款保险公司承保的存款单（相对于政府债券）。考虑到所有这些问题，溢价基本可以被抵消。

除了可兑现的溢价很低之外，企业债的另一个问题是，违约风险与股票风险之间无法很好地对冲。在股票风险抬头的同时，违约风险也更可能发生。

在2001年的论文《对企业债息差的解释》中，埃德文·埃尔顿、马丁·格拉伯、迪帕克·阿加瓦尔和克里斯托弗·曼恩证明，信用差异的很大一部分来自与股票风险溢价相关的因素。这种解释很直观：债券和股票都是对企业的投资，因此当企业业绩不佳时都会出现风险。他们发现，预期亏损对企业债息差的影响不超过25％。对于10年期，评级为A的企业债，只有

18％的息差可以用违约风险来解释。他们还发现，法玛-弗兰奇三要素模型可以解释最多85％无法用纳税和预期违约损失来解释的息差。信用评级越低（到期时间越长），这种模型的解释能力就越强。因此，高收益率债券的很大一部分预期回报可以用与股票而非债券相关的风险溢价来解释。这些风险是系统性的，无法通过投资策略来分散。

理论给出的证据

高收益率债券中存在股票因素，使其成为一种混合型证券，这样的观点获得了理论支持。马丁·福里德森在1994年的论文《高收益债券中是否存在股票因素？》中表示："实际上，企业债结合了单纯的利率工具和对债券发行者股票的做空头寸。如果发行者资产下降导致了资不抵债，那么就会引发抛售。换句话说，违约会导致股票持有者抛售权益给债券所有者，导致后者成为企业的所有者。对高评级公司来说，抛售会造成亏损，因此股票持有者不太可能抛售。抛售对这类债券价格的影响可以忽略不计，因此债券对于利率波动更敏感。然而对于非投资级债券，违约会造成股票抛售，最终对债券价格产生实质影响。由于与股票相关的选择对价格波动产生了更明显的影响，因此相对于投资级债券，非投资级债券的价格追踪政府债券（纯利率工具）的紧密程度较差。"

隔离利率风险

艾特克里特·阿斯范南特和斯科特·理查德森于2016年发表论文《信用

风险溢价》，通过有趣的新方式去看待信用溢价。他们的创新在于首次隔离了期限风险的影响。以往的大部分研究都会将信用溢价定义为长期企业债回报和长期政府债回报之差。然而，这会造成问题，因为这两种类型的债券对于利率波动敏感程度不同。相对于长期政府债，长期企业债的高收益率会导致较短的久期。考虑到历史期限溢价，以到期时间（而不是久期）来做比较会导致信用溢价被低估。作者还提出，如果只关注最安全的债券发行者（即投资级债券），那么可能会低估信用溢价。

我们还需要加入作者没有完全考虑的两个问题。首先，大部分长期企业债都伴随着赎回条款，这将会影响债券对利率的敏感程度。企业债的溢价部分是为了补偿非对称的赎回风险，因此与违约风险无关。考虑到这点，在样本数据的后一部分（1988年之后），作者使用了经过期权调整的久期指标，将赎回考虑在内。第二个问题是，尽管美国政府债的利息不需要在州或地方层面纳税，但企业债利息需要。投资者必须补偿这种纳税差异，这会导致企业债出现纳税溢价，这也与违约风险无关。

以下是阿斯范南特和理查德森研究结果的要点：

－通过隔离利率敏感性，他们确认，"承担违约风险将带来溢价"。他们将这种溢价视为信用带来的额外回报。

－从1936年至2014年，投资级企业债平均每年额外的信用回报约为1.4%，夏普比率为0.37。

阿斯范南特和理查德森还发现，信用带来的额外回报与股票带来的额外回报存在正相关关系，相关系数为0.3。换句话说，他们确认了此前的研究结果，即股票溢价（市场β）占违约溢价的很大一部分。他们还发现，信用风险溢价会随时间和经济增长情况而变化，并受尾部风险的影响。还需要强调，这种溢价没有考虑存款单带来的更高收益率，或是共同基金的费用和交易成本。如果我们假定，存款单可以带来额外收益率，例如0.75％，而企业债基金存在交易成本和费用，那么即使违约溢价有1.4％，也仍可能消失殆尽。

詹妮·白、皮埃尔·科林-杜弗雷森、罗伯特·哥德斯特恩和让·赫尔维格于2015年发表论文《信用事件风险溢价的变化》，也证明了违约溢价包含类似股票的风险。他们研究了历史数据，以确定企业债息差有多少与信用事件风险相关，有多少与蔓延事件风险相关。

他们研究的数据来自2001年至2010年。其中，对信用事件的定义为信用违约掉期（CDS）息差（或者企业债收益率差）在3天时间里上升超过100个基点。他们还规定，企业在以下情况时进入前事件期：信用违约掉期息差不超过400个基点，或债券价格不低于80美元。作者选择这些标准的原因在于，即使在事件发生前样本中的所有债券都获得了投资级的评级，但某些时候评级仍会落后于市场。换句话说，高息差的投资级债券可能在市场参与者看来不能算作投资级。他们覆盖了基于信用违约掉期样本的128起事件以及基于企业债数据的330起事件。

与此前的研究一样，詹妮·白及其同事发现，信用事件风险只能解释溢价的一小部分。溢价的很大一部分需要用蔓延风险来解释。这意味着，在股票投资组合表现较差时，信用市场也会表现较差。他们指出："这里的启示在于，即使是对中等规模的公司来说，蔓延风险也有经济重要性。"其最终结论是："由于只能通过信用事件风险而不是蔓延风险去解释明显的短期息差，我们的研究表明，短期息差的产生并非由于信用事件风险，而是由于非信用要素，例如流动性和纳税效应。"

总而言之，如果不考虑蔓延风险，那么在估计信用事件溢价时就会出现高估偏见，而这样的偏见很可能变得很严重。对投资者来说，这项研究的启示在于，除短期企业债之外，其他所有债券都包含类似股票的风险。信用评级越低，蔓延风险就越大。因此，如果投资者选择将资产配置于高收益率债券或长期投资级债券，那么就应当将这些债券视为混合型投资工具，因为这些债券同时具备美国国债和股票的特征。

分散投资优势？

有一种理论支持将资产配置于高收益率债券，因为高收益率债券与股票和美国国债之间的相关性相对较小，由此可以带来分散投资的优势。然而，对于这种低相关性，我们已经有符合逻辑的解释，因此在投资组合中包含信用风险并不一定有利。

高收益率债券：对低相关性的解释

高收益率债券与投资级债券（以及我们此前解释过的股票）的相关性较低，这很好理解。正如我们的讨论，低评级债券的高收益率导致了较短的久期，因此与投资级债券相比对利率的变化不太敏感。而因为低评级债券常常会被发行者提前赎回（相对于投资级债券，这类债券的赎回保护相对较弱），因此这些债券的有效久期还要更短。此外，它们的信用评级很可能会上升，这种潜在行为的差异可能会降低回报率的相关性。与投资级债券相比，低评级债券对股价变化也更敏感（投资级债券在绝大多数情况下只会对利率变化做出反应）。当然，美国国债只会对利率变化有反应。

更多思考

对美国投资者而言，美国国债有利的属性之一是，持有者没有必要去分散信用风险，因为不存在这样的风险。所有风险均为利率（或期限）风险。不过，当你将关注点从美国国债转移至投资级债券，再到垃圾债（评级较低，但收益率较高）时，那么就需要承担风险，而这样的风险可以分散（这是属于特定公司的非系统性风险）。在接受可分散风险时，投资者不会获得更高的预期回报。随着你关注的债券信用水平的下降，分散投资的需求将会上升，因为信用评级越低，投资就越类似股票。对于投资组合的构建来说，这个理论的意义在于，一旦关注点超过美国国债，那么根据谨慎原则，你就需要分散信用风险。然而，这也意味着你需要投资共同基金，并承担相应费用。但如果你将投资限制在美国国债或者由联邦存款保险公司承保的存款单，那么这样的费用可以避免。因此，在考虑伴随的额外成本之后，高收益率债券带来的风险溢价将大幅下降。

尽管阿斯范南特和理查德森证明了违约溢价的存在，但对个人投资者来说，我们看不到什么有说服力的理由，吸引我们在投资组合中加入高收益率企业债。不过需要指出的是，机构受到的某些限制可能会导致它们更倾向于企业债。例如，某个养老金计划可能会存在条款，即配置于股票的资产不超过60%。假定该基金已达到这个限制，为了提高收益率，该基金可能会希望提高对股票风险的敞口。具体做法包括降低对政府债的敞口，增加对企业债的敞口。由于机构限制造成的这种"偏好"，或许可以解释为何在实际操作中会存在较低的违约溢价。

股票和债券之间不断变化的相关性

从长期来看，美国国债（无论是短期、中期还是长期）与股票的相关性实际上都是0。然而，这种相关性会随时间发生一定的变化。纳莱什·班索尔、罗伯特·康诺利和克里斯·斯蒂维斯于2015年发表论文《股票波动性是未来期限结构波动性的决定因素》。这篇论文有助于理解股市和债市两者如何相互作用。他们发现，股票风险有助于理解期限结构的运动（除了关注孤立债券市场的方法）。在股市波动性明显上升之后，股市和债市回报率的相关性会更趋向于负。

论文作者发现，当股市出现更高的压力/波动性时，股市和债市之间的关系会更强。这是由于在这种情况下，投资会纷纷进行避险买入。当投资者认为股市风险上升时，他们会转向安全性更高的低风险政府债券。因此，股市和债市之间表现出随时间变化的关系是很自然的事。

班索尔及其同事还发现，在股市表现糟糕期间，美国国债是种不错的分散投资工具。在股市波动性较高的情况下，这样的分散投资优势相对明显。尤其是在股票回报率趋于极端时，美国国债的平均回报率会出现较高的相反值。

论文作者的结论是："我们研究结果的跨期性表明，除关注孤立债券市场的方法之外，股票风险可以帮助我们理解期限结构的运动。"

不过重要的是，作者发现的分散投资优势仅适用于高质量债券。最典型案例发生在2008年，当时标准普尔500指数下跌了37.0％。先锋中期国债基金投资者份额（VFITX）在当时的金融风暴中提供了庇护所，回报率高达13.3％。另一方面，先锋中期投资级基金投资者份额（VFICX）下跌了

6.2%，高收益企业基金投资者份额（VWEHX）下跌了21.3%。当投资者对债券安全性的需求上升至顶点后，信用风险将会出现，从而放大股票投资组合的亏损，而不是减少亏损。

关于高收益率债券的负面特性，我们还没有全部讲完。与许多有风险资产类似，高收益率债券不具备常规的回报率分布特征。

异常的回报率分布特征

上文提到过，行为金融学研究发现，一般而言，人们喜欢呈正偏态分布的资产。对于具备这种特点的资产，他们愿意接受较低甚至负的预期回报。典型的例子就是彩票。彩票的预期回报率为负数，但呈现出正偏态。正如我们所知，彩票中奖（正面结果）的人很少，大部分人都是输家（负面结果）。然而，正面结果所带来的收益要远大于负面结果造成的成本。

另一方面，大部分人不喜欢负偏态资产。这解释了，为何人们一般会针对低频事件，例如残疾或火灾购买保险。尽管这些事件发生的可能性很低，但有可能造成严重损失。对投资者来说，问题在于，高收益率债券呈现出负偏态。此外，高收益率债券还会带来额外峰度（即被称作"肥尾"的例外值，表明相对于正常分布更可能出现非常低或非常高的回报率）。

从1984年至2015年，巴克莱中期美国国债指数的月偏态为0.1，月峰度为3.4。相比之下，巴克莱美国国际信用指数的月偏态为-0.8，月峰度为7.6。巴克莱美国企业高收益指数的月偏态为-0.9，月峰度为11.3。可以看到，信用风险敞口越大，就越容易出现更高的负偏态和更大的额外峰度。高收益率债券极高的峰度暗示了降级、违约和破产的风险。如果将偏态和峰度结合在一起，很容易看到，高收益率债券与股票有很多相似之处，因此对股票风险有敞口。然而你也可以看到，它们无法给投资者带来高额回报。

在思考是否进行投资的过程中，唯一适当的方式是判断增加高收益率债券的资产配置将如何影响整个投资组合的风险和回报。因此，我们现在来分析增加信用风险带来的影响。

信用风险对投资组合的影响

我们接下来将比较4个投资组合，每个投资组合都有60％的资产配置于标准普尔500指数。数据覆盖1984年到2015年的32年时间。投资组合A把固定收益资产配置于巴克莱中期美国国债指数。投资组合B把30％资产配置于巴克莱中期美国国债指数，将10％配置于巴克莱美国企业高收益指数。投资组合C把20％资产配置于巴克莱中期美国国债指数，将20％配置于巴克莱美国企业高收益指数。投资组合D把所有40％固定收益资产配置于巴克莱美国企业高收益指数。

在看结果之前，我们首先分析3种指数的表现。

表E.2 年化回报率、标准差和夏普比率（1984—2015）

	年化回报率（％）	年标准差（％）	夏普比率
标准普尔500指数	10.85	17.08	0.50
巴克莱中期美国国债指数	6.53	5.14	0.73
巴克莱企业高收益指数	8.84	15.46	0.38

高收益指数尽管年化回报率比政府中期指数高2.31％，但夏普比率只有

政府中期指数的约一半。由于其标准差接近标准普尔指数，因此尽管年化回报率只比标准普尔500指数低2.01％，但夏普比率要低24％。

现在，我们将分析这4个投资组合。

表E.3　投资组合的回报率（1984—2015）

	年化回报率（％）	年标准差（％）	夏普比率
投资组合 A	9.52	10.46	0.62
投资组合 B	9.74	11.42	0.59
投资组合 C	9.93	12.52	0.56
投资组合 D	10.24	15.00	0.50

正如我们的预期，考虑到高收益指数的较高回报率，投资组合D带来了最高的年化回报率。然而，随着我们增加配置于高收益指数的资产，更高的波动性以及与标准普尔500指数之间更高的相关性导致了更低的夏普比率。在这段时期，政府指数与标准普尔500指数的年相关系数接近于0（0.01），但高收益指数与标准普尔500指数的年相关系数高达0.58。

同样有趣的是，如果将80％的资产配置于标准普尔500指数，并将20％的资产配置于巴克莱美国中期国债指数，那么可以得到与投资组合D同样的回报率（10.27％），但标准差只有13.71％（波动性大约低9％），夏普比率为0.54（高出8％）。

最后还要再次强调，对于可以购买由联邦存款保险公司承保存款单的散户投资者，如果用同样到期时间的存款单去取代政府债券，那么会进一步凸显承担违约风险是毫无价值的。

总而言之，从历史上来看，如果希望优化投资组合的风险调整后回报率，那么加入违约风险只是一种低效的手段。我们不建议去承担这种风险。

附录 F　时序动量

时序动量分析了资产相对于以往的价格变化趋势。这与截面动量不同，后者比较的是某种资产与其他资产的不同表现。实际上在本书中，时序动量是一种不适用于截面分析的要素，这也是我们将其放入附录的原因。伊安·德索萨、沃拉法特·斯里查那查切克、王家国和姚亚琼于2016年发表论文《近100年时间里时序动量对股票回报率的持续效应》。其中的证据表明，时序动量（也被称作趋势追踪）是少数符合我们标准，可以被应用至投资组合的要素之一。他们的研究数据来自1927年至2014年的88年间。以下是他们研究结果的要点：

－设想一种价值加权策略，即做多过去12个月（跳过最近一个月）取得正回报的股票，做空同期出现负回报的股票。这种策略的月平均回报率为0.55%，且具有统计学意义（t统计量为5.28）。此外无论市场上涨下跌，这种策略都有效。在市场下跌之后，月平均回报率为0.57%（t统计量为2.09），在市场上涨之后月平均回报率为0.54%（t统计量为5.30）。此外，该要素在作者研究的4个子时期内表现出持续性。1927年至1948年月平均回报率为0.69%（t统计量为2.41），1949年至1970年月平均回报率为0.47%（t统计量为3.60），1971年至1992年月平均回报率为0.62%（t统计量为3.84），1994年至2014年月平均回报率为0.42%（t统计量为1.91）。因此，这种要素符合关于持续性的标准。

－ 从1975年至2014年，在作者研究的所有13个国际股市中，时序动量带来的风险调整后回报率都为正。在其中10个国家，时序动量还表现出统计学意义，信心水平为95%。价值加权策略的最高回报率来自丹麦，月回报率为1.15%（t统计量为5.06）。因此，这符合关于普适性的标准。

－ 对于16种不同的组合，无论具体是什么形式、持有时间有多长，时序动量都可以带来盈利。因此，时序动量符合稳健性标准。

－ 时序动量完全包含截面动量，而截面动量无法包含时序动量。此外，其他常见的要素，包括市场β、规模和价值，都无法解释时序动量。因此，时序动量无法被其他要素所包括。

－ 与截面动量不同，时序动量不会在1月份出现亏损（季节性效应）或崩盘（在市场反转时，截面动量会出现这种问题）。

－ 时序溢价至少在一定程度上可以用描述投资者反应不足的两种知名理论来解释，包括信息逐渐扩散模型及"温水煮青蛙"假设。例如，如果时序动量来自逐渐扩散的信息流，那么小市值股票就会有更强烈的时序动量，因为小市值股票的信息扩散更慢。实际上他们发现，小市值股票确实带来了较高的动量利润（每月0.78%，t统计量为5.52），而大市值股票则带来了较低的动量利润（每月0.47％，t统计量为4.33）。正如我们在第四章中讨论，"温水煮青蛙"假设认为，相对于一次性获得大量信息，投资者对于持续、少量获得的信息不太敏感。可以类比为，如果锅里水温突然升高，那么青蛙会立即跳出来，但如果水温逐渐升高，那么青蛙会反应不足，最终被煮熟。根据"温水煮青蛙"假设，如果投资者对于持续、少量的信息反应不足，那么就会造成明显的长期持续回报。作者发现，与信息持续发布的股票相比，信息间断发布的股票动量利润单调上升。因此证据表明，时序动量可以解释回报率的差异。

德索萨、斯里查那查切克、王家国和姚亚琼还分析了将时序动量和截面动量相结合的策略。根据双动量策略，他们买入最强赢家投资组合，卖出最弱输家投资组合，因此这是一种市场中性策略。他们发现，双动量策略的平均年化回报率为22.4％。然而，这种策略表现出较高的波动性（每年37.5％）。这些数据具有统计学意义，且对于不同形式和持有时间表现一致。

更多证据

利用多个来源的历史数据，布莱恩·赫斯特、黄耀华和拉塞·佩德森于2014年发表论文《趋势追踪投资一个世纪的证据》，合并1个月、3个月和12个月时序动量策略构建的平均加权组合，覆盖了67个市场以及4种主要资产类别（29种大宗商品、11个股票指数、15个债券市场以及12对货币）。数据时间为1880年至2013年12月。

他们在研究中考虑到了策略配置成本，这基于对4种资产类别交易成本的估计。他们进一步假定，管理费为资产价值的2％，对冲基金的管理费用为利润的20%。以下是他们的发现：

— 在多个时间段内，策略的表现非常一致。这些时间段包括大萧条、多次经济衰退和扩张、多次战争、滞胀、2008年全球金融危机以及利率上升和下降的多个时期。

— 在整个样本数据期间，年化毛回报率为14.9%，净回报率（扣除费用之后）为11.2%，高于股票回报率，但波动性只有一半（年标准差为9.7%）。

— 在每个10年中，净回报率都为正。最低净回报率为5.7%，出现在从1910年开始的10年中。此外，只在其中的5个周期，净回报率为个位数比例。

— 这与股票或债券几乎都没有相关性。因此，这种策略提供了强劲的分散投资优势，同时带来了较高的夏普比率0.77。即使未来回报率不是很高，分散投资优势也足以成为利用这种策略进行资产配置的理由。

AQR的研究员观察到，"大量研究表明，价格趋势的存在部分是由于投资者的长期行为偏见，例如锚定或群集（我们还要在其中加上处置效应和确认偏见）以及央行和企业对冲项目等非营利参与者的交易活动。例如，当央行进行政策干预，降低货币和利率的波动性时，这实际上是在延缓信息反应至价格的速度，从而形成趋势。"

AQR的研究员指出："趋势追踪策略有良好的历史表现。这样的事实表明，行为偏见和非营利市场参与者很可能长时间存在。"

他们指出，在股市出现极端涨跌幅的年份，例如近期2008年全球金融危机时，趋势追踪策略表现得尤其出色。实际上，在过去135年，传统60/40投资组合遭遇最大10次跌幅期间，有8次时序动量策略都带来了正回报，并在某些情况下带来了较高的回报。

　　AQR的研究员还指出，即使采用2/20费用结构，也可以取得这样的结果。尽管目前还称不上便宜，但某些基金的购买费用正变得更低（这其中包括AQR的管理期货策略I基金，即AQMIX，其费率为1.21%。这只基金的R6版本，即AQMRX，费率更低，只有1.13%）。此外AQR还发现，在样本期（1880年至1992年）的大部分时间内，实际交易成本都只有估计的1/6，而在最近的时间段（1993年至2002年），实际交易成本只有估计的一半左右。这些结果表明，时序动量也符合关于可投资性和可配置性的标准。

　　阿金迪诺斯–尼可拉斯·巴尔塔斯和罗伯特·科索斯基也提供了关于时序动量的证据。他们于2013年发表论文《期货市场的动量策略和趋势追踪基金》。他们研究了"期货市场时序动量策略和商品交易顾问（CTA）的关系。商品交易顾问是一类特别的对冲基金，是少数在2008年金融危机中实现盈利的对冲基金类型，因此在金融危机结束后吸引了大量关注和资金流入"。作者指出，在几年的资金流入之后，行业规模明显扩大。到2011年，在2万亿美元的对冲基金管理资产总额（AUM）中，商品交易顾问基金就超过3000亿美元。他们的研究数据来自1974年12月至2012年1月，包含了多个资产类别的71种期货合同，具体分别是26种商品、23种股指、7种货币以及15种中期和长期债券。以下是他们研究结果的要点：

　　–无论频率取按月、按周、按天，时序动量均表现出很强的效应。

　　–基于不同再平衡频率的时序动量策略相关性很低，因此可以获得很特别的回报模式。

　　–时序动量带来的模式具有普适性，在整个评估期中及所有子时期内都具有相当的稳健性。

　　–不同策略都实现了高于1.20的年化夏普比率，并在市场上涨下跌时表现良好。这意味着在股市低迷期间，这些策略是不错的分散投资工具。

– 基于商品期货的动量策略与其他期货策略的相关性较低。因此，尽管这种策略的回报率相对较低，但可以带来额外的分散投资优势。

重要的是，作者发现，时序动量的盈利能力并不仅限于流动性低的合约。实际上，时序动量策略通常会通过交易所交易期货合约和远期合约来配置。与现金股票和债券市场相比，这样的合约被认为流动性较好，交易成本较低。他们发现，"1986年至2011年，对于大部分资产，策略构建所需的合约数量低于商品期货交易委员会（CFTC）报告的同时期未平仓合约数量。"他们还发现，"在这种假设场景下，投资于期货合约的名义金额只占全球场外衍生金融工具市场的一小部分（截至2011年底，在商品市场为2.3%，在货币市场为0.2%，在股票市场为2.9%，在利率市场为0.9%）。"因此他们总结："基于回归分析，以及假设的未平仓合约溢出场景，我们没有发现具有统计学或经济学意义的重要证据，表明时序动量策略存在容量限制。"

然而，在2008年的强劲表现之后，趋势追踪的商品交易顾问基金整体表现相对疲软。例如，从2009年1月到2013年6月，SG商品交易顾问趋势子指数基金（即此前的Newedge趋势指数基金）年化回报率为-0.8%，而此前5年为8.0%。这发生在美国股市缓慢复苏，欧元区危机延长期间。相对较差的业绩，加之在业绩强劲之后大量的资金流入，导致投资者开始质疑趋势追踪策略是否已被过度使用及其未来是否还继续有效。

马克·哈钦森和约翰·奥布莱恩于2014年发表论文《这次是否会不同？趋势追踪和金融危机》，也对时序动量进行了研究。利用有关趋势追踪近一个世纪的数据，他们调查了在美国次贷危机和欧元区危机之后，策略的表现发生了什么变化，以及这是否是金融危机之后的典型现象。

作者表示："列出全球和地区性金融危机并非易事。"因此，他们使用了两篇论文提供的危机列表。关于金融危机的研究，这两篇论文被引用的次数最多。这两篇论文分别为《狂热、恐慌和崩盘：金融危机史》（最初发表于1978年）和《这次会有不同：金融荒诞的8个世纪》（最初发表于2009年）。被研究的6次全球危机分别为：1929年大萧条、1973年石油危机、1981年第三世界债务危机、1987年10月美国股市崩盘、2000年".com泡沫"的破灭以及从2007年开始的次贷和欧元危机。被研究的地区性危机（括号中为发生年份）分别为：西班牙（1977年）、挪威（1987年）、北欧（1989年）、日本（1990年）、亚洲（1997年）、哥伦比亚（1997年）和阿根廷（2000年）。每次危机的开始时间为危机前股市高点的后一个月。由于上述两项研究都没有提到每次危机的持续时间和结束日期，因此作者采用了两个固定的时间周期：在股市达到高点之后的24个月和48个月。

哈钦森和奥布莱恩的分析数据集包含21种商品、13种政府债券、21种股票指数以及9对货币（基于不同汇率关系），数据时间为1921年1月至2013年6月。他们的结果中考虑了估计的交易成本以及典型的对冲基金费率，即资产的2％和利润的20％。以下是他们研究结果的要点：

－从长期来看，时序动量极为成功。从1925年至2013年，全球投资组合的平均净回报率为12.1％，波动性为11％。夏普比率则达到惊人的1.1（这个发现与其他研究一致）。

－在危机发生期间，期货市场回报率的可预测性被打破。

－在非危机期间，市场回报率表现出强劲的时序相关性，最多滞后12个月时间。

— 在全球金融危机之后，趋势追踪策略的表现平均会有4年时间较为疲软。时序回报可预测性被打破降低了趋势追踪策略带来回报的机会。

— 对比危机时期和非危机时期的表现，危机开始前24个月的平均回报率（4.0%）不到非危机时期的1/3（13.6%）。危机开始后48个月的平均回报率（6.0%）不到非危机时期的一半（14.9%）。

— 无论是股票、债券还是货币，最终结果都表现一致。唯一的例外是大宗商品。在危机前和危机后时期中，后者的回报率基本类似。

— 他们发现，对于地区性金融危机，由本地资产构成的投资组合也表现出类似效应。

作者指出，根据行为模型，动量的出现是由于投资者的信心过度及厌恶风险情绪的弱化。以资产价格来计算回报率，带来了回报率的可预测性。基于这些模型，在市场滑坡之后，过度的信心会下降，对风险的厌恶情绪会上升。因此在金融危机之后，回报率可预测性的下降似乎符合逻辑。还需指出，正如作者所说，"在危机期间，政府更倾向于做出干预，导致价格模式不再连续。"这样的干预可能会导致剧烈反转，给趋势追踪策略带来负面后果。

哈钦森和奥布莱恩总结："这类策略（趋势追踪策略）的表现在危机期间更差，与正常市场状况相比溢价最低只有1/3。我们关于地区性危机的证据也可以支持这样的结果，但效应似乎是短暂的。在对市场的分析中，经验证据表明，正常市场状况下时序的可预测性和普适性会被打破，而这些正是趋势追踪策略所依赖的基础。"

总结

作为一种投资策略，趋势追踪有悠久的历史。除了学术界现存的重要证据之外，来自上述研究的数据提供了强有力的样本外证据，同时证明了趋势是全球市场的普遍特性。

趋势追踪是否可以持续？关于这个问题，赫斯特及其同事总结："关于市场为何更倾向于按趋势变化，最可能的解释包含了投资者的行为偏见、市场阻力、对冲需求以及央行和政府对市场的干预。这样的市场干预和对冲项目仍然很普遍。在过去一个世纪中，投资者仍遭受着影响价格的行为偏见所造成的不利影响，而这给未来的趋势追踪策略提供了舞台。"

总而言之，考虑到分散投资优势及对市场下行（尾部风险）的对冲能力，我们认为，可以考虑将投资组合部分配置于趋势追踪策略。需要指出，趋势追踪策略的较高换手率通常会导致过高的纳税。因此，更好的做法是在税收优惠账户中采取这种策略[12]。

YOUR COMPLETE GUIDE TO
FACTOR-BASED INVESTING

附录 G 增加要素对基金回报率的边际效应

尤金·法玛和肯尼斯·弗兰奇于 2015 年发表论文《新增变量和投资机会集》。对关注多种要素敞口，或者说多种风格基金的投资者来说，这篇论文带来了重要启发。

法玛和弗兰奇在研究中指出："大部分资产定价研究都是在寻找变量，帮助我们更好地理解预期回报截面。如果对候选变量的某种排序可以给平均回报率带来较大差值，那么研究者就会宣布成功找到变量。不过我们还有一种更好的衡量方式：对于已经包含多种变量，回报率可预测的模型，我们关注额外变量给回报率差带来了什么样的增量贡献。"

这篇论文提出了重要结论：如果某个要素（即我们讨论过的系统性变量，例如动量和盈利能力）在截面资产定价回归分析中提供了较强的边际解释能力且能带来较高的溢价，那这样的要素就不太可能在已包含其他要素（例如规模和价值要素）且其他要素具备解释能力的投资组合中给回报率带来增量贡献。

在确定希望对哪些要素建立敞口之后，你的下一个决定应当专注于，是单独瞄准这些要素，还是借助多种风格基金。例如，投资者可以决定持有 3 只基金，每只基金分别瞄准规模、价值和动量要素。或者，投资者可以选择一只同时瞄准这 3 种要素的基金。

罗杰·克拉克、哈林德拉·德席尔瓦和史蒂芬·托尔利于 2016 年发表论文《要素投资组合和高效的要素投资》。论文指出，相对于合并不同要素，基于单个证券去构建最优组合的效果远远更好。这符合我们的直观看法。例如，假定某人选择同时投资规模和价值要素。在股票层面构建投资组合意味着买入同时具备小市值和价值特征的股票。然而，在要素层面构建投资组合则意味着分别买入大量小市值股票和大量价值型股票。小市值股票可能会存在明显的成长性敞口（缺乏价值），而价值型股票中可能某些会有较高的市值（并非小市值股票）。这样做显然不是最优的。

如果某个策略围绕多要素同时建立做多和做空头寸，那么情况还要更糟。基于其中一种要素，你需要做多一只股票，而基于另一种要素，你可能需要做空该股票。因此，如果分别瞄准不同要素，那么投资者不仅需要支付两遍费用，无法建立起任何净头寸，还会产生不必要的交易成本。很明显，利用多种风格基金是更优的选择。

关于如何组合不同要素，我们在这里提供一些可供权衡的策略。以价值要素和动量要素为例，这两种要素呈负相关关系。在理想情况下，你希望投资组合中的股票同时具备对这两种要素的敞口，避免负敞口。为了实现这个目标，你可以这样做：排除高价值（低动量）和高动量（低价值）股票。然而，排除的股票数量越多，分散投资的程度就越差。此外，这样的投资组合无法持有敞口最大的股票，因为许多高价值（或高动量）股票往往存在低动量（或低价值）。这种投资组合的要素敞口更倾向于向中间水平移动。因此，在结合不同要素时必须慎重思考，具体问题包括对要素的敞口、持有数量、周转率以及流动性。

这将我们带回到法玛和弗兰奇讨论的问题上：增加对额外要素的敞口会带来什么样的增量影响？在这里，直觉再次帮助我们。即使最简单的三要素模型也可以解释分散投资组合回报率差异的超过90％。在加入动量要素后，解释能力达到95％左右。正如法玛和弗兰奇在论文中所论述的，加入具备边际解释能力的变量总是会削弱其他有解释能力的变量的价值。换句话说，如果一个投资组合已经对市场β、规模和价值要素有敞口，增加对动量要素的敞口无法贡献太多的增量回报（毫无疑问，回报率会远低于单一动量要素带来的9.6％的年溢价，甚至只有单纯做多投资组合约一半的年溢价）。原因很直观。

如果增加对某种要素的敞口，而这种要素与投资组合已存在的另一种要素具有正相关性，那么新要素的部分解释能力已被之前的要素所包含。法玛和弗兰奇指出："模型中已存在变量的稀释作用几乎总是会限制多变量模型中新增变量对扩大预期回报的贡献。"

因此，对新要素的敞口无法使该要素的全部溢价都反映至投资组合的回报率。如果新加入的要素与现有要素存在负相关关系（例如动量要素和价值要素），那么增加对一种要素的敞口（提高预期回报）将导致对另一种要素敞口的下降（降低预期回报）。

不过这并不是说，无法通过增加要素来优化投资组合的效率。加入并非百分百相关的要素可以提供分散投资优势。此外,加入负相关要素可以降低"追踪误差遗憾"的风险。我们曾在附录 A 中讨论过这个概念。简单来说,如果个性化的投资组合跑输大盘,例如标准普尔 500 指数,那么投资者会感到遗憾。实际上,对许多投资者来说,超出市场 β 、规模和价值三要素以外,增加对更多要素敞口的最大额外优势或许就是确保追踪误差遗憾风险最小化。

最后还有个问题需要考虑:在新增对额外要素的敞口后,你可能也会增加投资组合的周转率,导致交易成本上升,降低纳税效率。

YOUR COMPLETE GUIDE TO
FACTOR-BASED INVESTING

附录 H 体育博彩和资产定价

学术研究已经发现，将价值和动量策略结合在一起将带来更高效的投资组合，因为两者之间存在明显的负相关性。重要的是，在全球范围内以及多种资产类别中，情况均是如此。这意味着这样的策略不仅适用于股票，也适用于债券、大宗商品和货币。根据此前的讨论，尽管价值和动量要素的存在和解释能力不容置疑，但关于溢价的来源存在两种相互竞争的理论：基于风险的解释（或许可以称其为尤金·法玛阵营，尤金·法玛被认为是有效市场假说之父）以及基于行为学的解释（即罗伯特·席勒阵营）。有趣的是，法玛和席勒分享了 2013 年的诺贝尔经济学奖。

行为学研究发现，由于认知偏见（导致投资者对某些消息过度反应或反应不足）或错误观念的存在，价格有可能偏离价值。但由于成本和套利限制的存在，套利者的行动无法确保市场效率，因此错误定价会长期持续。

耶鲁大学教授托比亚斯·莫斯科维茨试图揭开溢价的风险解释和行为学解释之间的神秘关系,他在体育博彩领域检验了动量要素和价值要素的效应。他的假设是,如果基于行为学的定价模型有效,那么这种模型应当可以解释各种市场的回报率,无论是投资还是博彩。相反如果无效,那么就很明显,对于不同的市场和资产类别,我们需要不同的模型。

为什么是体育博彩?

体育博彩提供了一个强大的实验室。这主要在于,在体育博彩领域,不可能用宏观经济风险去解释要素的存在。简而言之,唯一可能的解释就是与行为学相关的解释。

如果说出现在投资领域的价值和动量要素确实来自行为错误,那么同样的行为错误也应当出现在体育博彩中。此外,由于体育博彩的终极价值可以很快被发现,因此体育博彩提供了行为学理论完美的样本外测试平台。在开奖时,任何定价错误都会很快被发现。因此问题就变成了:在体育博彩和投资两个领域,我们能否看到同样的现象?

为了找到答案,莫斯科维茨分析了多个体育博彩市场,以了解这些市场是否会出现类似的关系和模式。他研究了 4 种体育运动:棒球(美国职棒大联盟)、橄榄球(美国橄榄球大联盟)、篮球(美国职业篮球联赛)和冰球(美国冰球联盟)以及 3 种博彩玩法。这带来了 12 个检验平台,从而极大地降低了出现巧合的可能性。3 种博彩玩法分别为:

1. 让分:例如,一支球队让 3.5 分。如果你赌这支球队赢,那么一旦这支球队输球,或是赢球不到 3.5 分,那么你就会输。

2. 大小球：这种博彩方法赌的是总得分。例如在一场美国职业篮球联赛中，大小球的区分点是 200 分。如果赌大，但最终总得分不到 200 分，那么结果就是输。

3. 强弱盘赔率：例如，如果你下注优势一方，那么要投入 180 美元，才可能赢 100 美元。如果你下注弱势一方，那么只要投入 100 美元，就有可能赢 170 美元。

对于前两种玩法，通常需要投入 110 美元才能赢得 100 美元。其中的差价是博彩经纪人的提成费用，也被称作"抽水"。因此，交易费用很高。

莫斯科维茨的研究数据来自 1999 年至 2013 年，涉及了约 12 万种博彩合同。这些合同来自拉斯维加斯最大的赌场以及在线体彩平台。莫斯科维茨分析了 3 种类型博彩随时间变化的回报率：由博彩经纪人设定的开盘价格，在比赛开始、下注结束前博彩参与者自行设定的价格以及终点价值。

他想要检验的理论是：行为模型能否解释回报率，或者说市场是否足够有效？换句话说，如果市场是有效的，"情绪"（或者也可以称作"动物精神"或非理性表现）无法预测结果，只有新信息（例如披露关键球员受伤的信息）可以预测结果。

如果新信息的传播速度很慢（市场反应不足）或是出现过度反应（价格涨跌幅幅度很大），我们就可以得出与金融市场一致的行为学解释。

为了减小数据挖掘的风险，莫斯科维茨研究了不同的动量和价值指标，不同的时间范围，并对结果进行了平均化处理。他甚至用单数年和双数年作为不同分类指标来检验结果。

衡量动量和价值

金融学中有常用的动量和价值指标，但体育博彩并非如此。关于动量，找到适当的指标相对容易。例如，基于在过去 1 场、2 场甚至 8 场比赛（8 场比赛相当于美国职业篮球联赛一个赛季的 10%）中，同一支球队、同一种博彩合同的胜场、得失分差以及投资回报等指标，莫斯科维茨研究了如何去衡量动量。

价值的衡量则相对困难。莫斯科维茨选择使用长期反转作为一种价值指标。对于股票，过去 5 年表现不佳的股票被认为是价值型股票。因此为了衡量价值，莫斯科维茨使用过去 1 个、2 个和 3 个赛季的表现作为指标。

关于价值的其他指标，莫斯科维茨选择了球队经营过程中的多种指标，包括球队账面价值、门票收入、总营收（门票销售加上纪念品销售、电视转播权和特许商品）及球员工资，随后将这些数据除以价差玩法中的当前价差。莫斯科维茨还使用了赛事数据统计得分，即毕达哥拉斯预期公式。这种公式基于过去胜场、得失分差及赛程强度来预测每支球队获胜的概率，非常类似于实力榜。他将这些得分作为相对强度指标，具体方法是将每支球队的得分相减，再除以当前投注线或合同价格（类似于股票的盈利股价比）。

法玛和塞勒对体育博彩中动量与价值的衡量

有趣的是，在处理这些数据之前，莫斯科维茨咨询了他的同事尤金·法玛（有效市场假说和溢价风险解释的主要拥护者）和理查德·塞勒（无效市场假说和溢价行为学解释的主要拥护者），希望知道他们是否同意对这些指标的选择。

法玛和塞勒的评估必须是事前的，而不能是事后的（在知道结果以后）。他们均认为，对价值和动量指标的选择是合适的，与金融市场的定义方式一致。以下是莫斯科维茨的发现：

- 在不考虑费用的情况下，体育博彩的整体回报率保持持平，在考虑费用之后会变成较低的负数（因为"抽水"的存在）。这表明，系统性地押注主队或自己支持的队伍无法带来盈利。关于这些属性，市场是有效的。

- 与预期一致，莫斯科维茨发现，体育博彩的结果和股市回报率之间没有相关性。这证明，体育博彩实际上是独立的。

- 当投注线在下注开始到下注结束期间移动时，下注开始到结束的回报率与下注开始到最终结果的回报率表现出较低的正相关关系，与下注结束到最终结果的回报率表现出较低的负相关关系。

- 体育博彩市场表现出对价格过度反应的倾向。这种过度反应在终点价值（比赛结束时）处得到反映（并反转）。

- 有强劲的模式表明动量的存在，并可以预测投资回报率。与金融市场类似，押注者会推动价格上升。类似金融市场的另一点在于，这里存在预测价值（在终点价值处发生反转，意味着存在延迟的过度反应）。换句话说，相对于比赛开始、押注结束时的价格，由博彩经纪人设定的初始价格更准确。这种情况发生在多种体育赛事，以及多种不同且互不相关的博彩玩法中。除了冰球比赛之外，t统计量都很高。

- 关于价值要素，体育博彩表现出强劲但相反的模式。随时间推移，低价下注会变得更便宜。在最终结果公布，真实价值确定时，反转将会发生。动量和价值之间的负相关关系与金融市场的情况类似。然而，尽管价值型下注也存在强劲的模式，但与动量型下注相比，最终结果缺乏统计学意义。虽然很容易确定动量的定义，但确定价值的定义并不容易。

－ 莫斯科维茨还分析了规模效应。为了衡量规模，他使用年商品销售价值、门票收入、总营收以及球员工资数据。这些指标与球队所在的本地市场规模紧密相关。他发现，这些数据没有任何解释或预测能力。

－ 来自动量和价值的每风险单位（波动性）回报率约为金融市场水平的1/5。这表明，金融市场的大部分回报来自其他（基于风险的）来源。或者也有可能，在体育博彩中使用的指标只是噪音，无法给出清晰的预测。

莫斯科维茨随后分析了多方面数据。他写道："还有一种情况也会表现出过度反应：当价值存在更多不确定性时，过度反应更明显。"由于在接近赛季开始时，所有球队的质量都存在不确定性，莫斯科维茨单独分析了每个赛季之初的比赛，以及下注价格波动性更高的情况。他发现，这些结果与过度反应具有一致性：动量以及随后的反转更强烈，而价值效应更弱。

利用最近一次财报发布后时间段的数据，莫斯科维茨将同样的概念应用于股票回报率。他发现："在财报发布后的一段时间内，企业价值的确定性应当更好，因为财报提供了重要的相关信息。"将公司分成两组，一组是近期发布财报的公司，另一组是距离上次财报发布已有几个月时间的公司（不确定性更大）。莫斯科维茨发现，对于近期发布财报的公司，如果利润表现不佳或接近于零，那么动量利润和随后的反转都会更强烈。

价值要素的情况刚好相反。在近期发布财报的公司中，价值利润最强劲，而对于利润几乎为零的公司，价值利润不存在。莫斯科维茨指出："这些结果符合在体育博彩领域的发现，与延迟的过度反应理论具有一致性。关于金融市场中的动量和价值，体育博彩提供了创新的检验方法和新的结果集合。"

他的结论是："不同体育比赛和不同体育博彩玩法所表现出的高度一致的模式意味着，这不太可能是巧合的结果。证据表明，投资者的过度反应造成了动量和价值回报溢价。这给行为学理论提供了样本外的检验方法。另外，在体育博彩市场，回报率被交易成本所抵消，导致套利者无法消除价格中的这些模式，从而维持了模式的延续。"

如果可以得出结论，那么是什么？

考虑到莫斯科维茨的研究结果，我们可以得出什么样的结论？首先，动量和价值效应推动了从下注开始到结束价格的变化。最终的比赛结果会导致模式发生反转。这与金融市场溢价的情况一致。

其次，对于体育博彩市场，动量和价值要素都具有预测能力。与金融市场一样，这两种要素也表现出同样的负相关关系（动量推动价格上涨，价值推动价格下跌）。这表明，在金融市场，这些要素至少有部分的行为学元素。

换句话说，基于风险的解释和基于行为学的解释并不完全互斥，而是具有互补效应。答案并不是非黑即白。在一定程度上结合两种理论很可能有助于给出正确解释。对于这个问题，我们的看法如下：价值和动量溢价并不是免费午餐（如果我们简单地利用他人的行为缺陷，情况会是如此），但它们可能是甜品盘中一款免费的甜点。

第三，正如莫斯科维茨指出，考虑到这些检验的独立性（覆盖了4种不同的体育赛事和3种不同博彩玩法，博彩市场的总数为12个），结果不太可能是巧合，很难相信这些发现是随机性的结果。

莫斯科维茨发现，投资领域的某些阻力导致聪明的资金，即套利者，无法修正定价错误。类似地，体育博彩领域的阻力（博彩经纪人的"抽水"造成了下注成本）导致聪明的资金无法修正个人下注者的定价错误。换句话说，即使聪明的资金已经知道错误定价的存在，但阻力确保了错误定价持续。此外，这项发现提供的证据表明，在考虑策略配置成本后，体育博彩市场与金融市场类似，可以被认为是高效的。

有鉴于此，如果可以做到"友好"下注（没有博彩经纪人从中"抽水"），那么证据表明，在博彩经纪人开出下注线之后，下注者应当可以利用市场上出现的定价错误，尤其是在结合价值和动量策略的情况下。

最后莫斯科维茨指出，近期在线博彩网站之间的激烈竞争导致博彩经纪人"抽水"低于传统的10％。然而，即使较低（最低约为7％）的"抽水"也不足以让下注者去利用定价错误。还有件事你们可能会感兴趣。莫斯科维茨与他人共同撰写了一本体育统计类的畅销书，这就是《赛果：体育比赛玩法和胜利方法背后的隐藏影响》。我们认为，这是体育迷必读的一本书。

YOUR COMPLETE GUIDE TO
FACTOR-BASED INVESTING

附录 I　重新评估规模溢价

利用多要素去配置投资组合的投资者和投资顾问通常更关注价值溢价而非规模溢价。理由很简单，从历史上来看，价值溢价更高。另一些人甚至质疑，由于疲软、多变的历史记录，规模溢价是否真的存在。对于这两种问题，或许在于规模溢价，尤其是利用规模要素去构建投资组合，还没有得到充分的理解。为了澄清这个问题，我们将从最基本的定义开始说明。

根据尤金·法玛和肯尼斯·弗兰奇的定义，规模要素的构成是对所有股票按市值排序（以纽约股票交易所股票的市值来确定），分成10档，随后用排名6到10档股票（小市值股票）的年加权平均回报率减去排名1到5档股票（大市值股票）的年加权平均回报率。换句话说，这就是用规模排名后50%股票的回报率减去排名前50%股票的回报率。这与价值要素不同。价值要素的构成是将所有股票按账面市值比排序，随后用1到3档股票（价值型股票）的年加权平均回报率减去 8 到 10 档股票（成长型股票）的年加权平均回报率。换句话说，这是用基于价值指标排名前 30％ 股票的回报率减去后 30％ 股票的回报率。在这个定义中，排名 4 到 7 档的股票被认为是核心股票。30/40/30 的构成方式也被用于其他风险要素，例如动量要素、盈利能力要素、质量要素，以及低 β / 低波动性要素。规模要素是唯一的例外。

基于芝加哥大学证券价格研究中心（CRSP）的数据，表 I.1 显示了不同市值档次股票的历史回报率。

表 I.1 CRSP 的 10 分档：年化回报率（1926—2015）

	1—2	3—5	6—8	9—10
年化回报率（％）	9.47	10.99	11.39	11.98

正如这些市值分档所表明的，如果某类股票相对于其他股票存在溢价，那么通过对类别的更严格定义，溢价就会表现得更明显。可以看到，在缩小规模分组的档次之后，随着股票市值的变小，回报率变得更高。然而对类别的定义越严格，把握溢价就越困难，因为可选择的股票变得更少。因此，为了理解股票溢价，我们提出以下问题：规模要素的定义方式对投资组合可把握的溢价总量有什么样的影响？

肯尼斯·弗兰奇的数据库提供了不同市值档次股票的回报率信息。基于这些数据，我们可以设计多种不同版本的规模要素，尝试回答以上问题。标准规模要素的定义方式如上所述，使用市值排名后 50％ 股票的加权平均回报率减去排名前 50％ 的股票。我们将其称作 50/50 定义。随后，我们分别使用排名前后 30％、20％ 和 10％ 的股票去设计规模要素，并分别称之为 30/30、20/20 和 10/10 定义。表 I.2 显示了，不同定义下规模要素的年溢价率。

表 I.2　历史溢价（1927—2015）

	规模要素的定义			
	50/50	30/30	20/20	10/10
年溢价率（%）	3.28	5.22	6.15	7.65
t 统计量	2.22	2.34	2.27	2.44

　　正如我们的预期，在缩小关于"小市值"和"大市值"的定义之后，年溢价率出现上升。标准 50/50 定义的规模要素年溢价率最低，而 30/30 定义的溢价已经大于价值溢价（后者为 4.83%）。此外，所有年溢价率都具有统计学意义（t 统计量均大于 2.0）。

　　为了衡量投资组合究竟可以把握某种溢价的多大部分，多要素投资者可以通过要素模型回归分析来估计要素载荷。基于 3 种小市值指数，表 I.3 显示了，对于规模要素的不同定义，四要素模型估计的规模要素载荷。

表 I.3　月规模要素载荷，四要素模型（1998—2015）

	规模要素的定义			
指数	50/50	30/30	20/20	10/10
罗素 2000 指数	0.77	0.59	0.50	0.42
标准普尔 600 小市值指数	0.68	0.50	0.41	0.34
道琼斯美国小市值指数	0.58	0.44	0.37	0.32

　　我们再次发现，随着缩小对规模要素的定义，对溢价的把握变得更困难。对于某种指数，对规模要素的定义越狭窄，估计的要素载荷就越小。需要指出，表 I.3 给出的估计数据具有统计学意义。我们可以对真实基金采取类似分析方法。表 I.4 的分析方法与表 I.3 类似，但使用了 3 只小市值基金。

表 I.4 月规模要素载荷，四要素模型（1998—2015）

基金	规模要素的定义			
	50/50	30/30	20/20	10/10
DFA 美国微型市值基金	1.01	0.82	0.73	0.64
DFA 美国小市值基金	0.83	0.65	0.56	0.48
先锋小市值指数基金	0.73	0.56	0.47	0.40

我们再次看到，随着规模要素的定义变狭窄，估计载荷变得更小。这次，对于不同的规模要素定义，尽管基金之间存在明显差异，但仍然可以看到，随着规模要素定义的逐渐严格，基金对该要素的估计载荷逐渐下降。

至此，我们已证明了此前的假设，即规模要素定义对于规模溢价程度以及投资组合把握这种溢价能力的影响。利用两只基金，即表 I.4 中的 DFA 美国微型市值基金及 DFA 大市值价值型基金，我们可以来看看，规模要素和价值要素定义方法的不同对于投资组合可把握溢价量的影响。具体衡量方式很简单，即投资组合的估计要素载荷乘以各自的年溢价。表 I.5 展示了两只基金的这种计算结果。

表 I.5 每年可把握的规模和价值溢价（1998—2015）

	溢价目标	载荷	总溢价	可把握溢价
DFA 美国微型市值基金	规模	1.01	3.28	3.31
DFA 大市值价值型基金	价值	0.60	4.83	2.89

尽管价值溢价比规模溢价更大，但瞄准规模要素的投资组合，即 DFA 美国微型市值基金，实际上把握了更多的要素溢价。这反映了更高的要素载荷，而高要素载荷又归因于规模要素不太严格的定义方式。

尽管很简短，但这个案例明确表明，对多要素投资者来说，在选择如何向要素进行资产配置的过程中，要素溢价幅度应当是唯一的考量。最关键的要点在于，在评估规模溢价时，我们应当考虑规模要素的定义方式以及投资组合把握规模要素能力的提升。忽略规模溢价的投资者可能会错失非常可观的要素溢价。

附录 J　资产配置：共同基金和 ETF 基金[13]

在构建投资组合时，以下列表中的基金值得考虑。一只共同基金可能有不止一个份额级别，这里列出的是成本最低的级别。由于最低投资额的存在，这些级别可能并不向所有投资者开放。AQR、桥路和 DFA 的基金可以通过有资质的财务顾问买到，也可以通过退休金计划和 529 计划购买。（需要指出，对于某些 AQR 基金，一些投资者或许可以买到成本较低的 R 份额版本。）需要考虑的因素包括，某只基金对每种要素有多大的敞口、费率以及提供的分散投资程度（即持有多少种股票）。对于 ETF 基金，还需要考虑的另一个问题是基金的流动性。因此这里的建议是，可以考虑的 ETF 基金应当管理超过 1 亿美元的资产，平均交易量超过 500 万美元。

单一风格基金

市场 β 要素

美国国内	
基金	费率
富达斯巴达全市场指数基金 (FSTVX)	0.05
嘉信美国广义市场基金 (SCHB)	0.03
先锋全股票市场基金 (VTI/ VTSAX)	0.05/0.05
安硕核心标准普尔美国全市场基金 (ITOT)	0.03

国际发达市场	
基金	费率
富达斯巴达国际指数基金 (FSIIX)	0.20
先锋富时除美国外全球基金 (VEU/VFWAX)	0.13/0.13
先锋国际全股票基金 (VXUS/VTIAX)	0.13/0.12
嘉信国际股票基金 (SCHF)	0.08
安硕核心明晟 EAFE 基金 (IEFA)	0.12

新兴市场	
基金	费率
DFA 新兴市场基金 (DFEMX)	0.57
嘉信新兴市场基金 (SCHE)	0.14
先锋富时新兴市场基金 (VWO/VEMAX)	0.15/0.15

规模要素

美国国内	
基金	费率
桥路超小公司市场基金 (BRSIX)	0.73
DFA 美国微型市值基金 (DFSCX)	0.52
DFA 美国小市值基金 (DFSTX)	0.37

续表

基金	费率
安硕罗素微型市值基金 (IWC)	0.60
先锋小市值指数基金 (VB/VSMAX)	0.08/0.08
嘉信美国小市值基金 (SCHA)	0.08
安硕核心标准普尔小市值基金 (IJR)	0.12

国际发达市场	
基金	费率
DFA 国际小公司基金 (DFISX)	0.54
道富标准普尔国际小市值 ETF 基金 (GWX)	0.40
先锋富时除美国外全球小市值基金 (VSS/VFSVX)	0.17/0.31
嘉信国际小市值股票基金 (SCHC)	0.16

新兴市场	
基金	费率
DFA 新兴市场小市值基金 (DEMSX)	0.72
道富标准普尔新兴市场小市值基金 (EWX)	0.65

大规模和价值要素

美国国内	
基金	费率
DFA 美国大市值价值基金 III(DFUVX)	0.13
DFA 税务管理美国市场价值基金 II(DFMVX)	0.22
嘉信美国大市值价值基金 (SCHV)	0.06
先锋价值指数基金 (VTV/VVIAX)	0.08/0.08

国际发达市场	
基金	费率
DFA 国际价值基金 III(DFVIX)	0.25
DFA 税务管理国际价值基金 (DTMIX)	0.53
安硕明晟 EAFE 价值基金 (EFV)	0.40
嘉信基本面国际大企业基金 (FNDF)	0.32

新兴市场	
基金	费率
DFA 新兴市场价值基金 (DFEVX)	0.56
嘉信基本面新兴市场大企业基金 (FNDE)	0.48

规模要素和价值要素

美国国内	
基金	费率
桥路全小市值价值基金 (BOSVX)	0.60
桥路全税务管理小市值价值基金 (BOTSX)	0.60
DFA 美国小市值价值基金 (DFSVX)	0.52
DFA 税务管理美国精准价值基金 (DTMVX)	0.44
安硕标准普尔小市值 600 价值基金 (IJS)	0.25
先锋小市值价值基金 (VBR/VSIAX)	0.08/0.08
嘉信基本面美国小企业基金 (FNDA)	0.32

国际发达市场	
基金	费率
DFA 国际小市值价值基金 (DISVX)	0.69
DFA 除美国外全球精准价值基金 (DWUSX)	0.65

动量要素

美国国内	
基金	费率
AQR 动量基金 (AMOMX)	0.40
安硕明晟美国动量要素基金 (MTUM)	0.15

国际发达市场	
基金	费率
AQR 国际动量基金（AIMOX）	0.55

盈利能力 / 质量要素

美国国内	
基金	费率
安硕明晟美国质量要素 ETF 基金 (QUAL)	0.15

国际发达市场	
基金	费率
安硕明晟国际发达市场质量要素 ETF 基金 (IQLT)	0.30

期限要素

基金	费率
DFA 五年期全球固定收益基金 (DFGBX)	0.27
DFA 多元固定收益基金 (DFXIX)	0.15
DFA 中期政府固定收益基金 (DFIGX)	0.12
DFA 除美国外全球政府固定收益基金 (DWFIX)	0.20
DFA 中期市政债券基金 (DFTIX)	0.23
安硕巴克莱 7 到 10 年国债基金 (IEF)	0.15
先锋中期国债基金 (VGIT/VFIUX)	0.10/0.10

持有报酬要素

基金	费率
景顺 DB G10 货币收益 ETF 基金 (DBV)	0.76

多风格基金

规模 + 价值 + 盈利能力 / 质量要素

美国国内	
基金	费率
DFA 美国核心股票基金 1（DFEOX）	0.19
DFA 美国核心股票基金 2(DFQTX)	0.22
DFA TA 美国核心股票基金 2(DFTCX)	0.24

国际	
基金	费率
DFA 国际核心股票基金 (DFIEX)	0.38
DFA 除美国外全球核心股票基金（DFWIX）	0.47
DFA TA 除美国外国际核心股票基金 (DFTWX)	0.45

规模 + 动量

美国国内	
基金	费率
AQR 小市值动量风格基金（ASMOX）	0.60

价值 + 动量 + 盈利能力 / 质量

美国国内	
基金	费率
AQR 大市值多风格基金 (QCELX)	0.45
AQR TM 大市值多风格基金（QTLLX）	0.45

续表

基金	费率
高盛"活跃β"美国大市值股票 ETF 基金 (GSLC)	0.09

国际	
基金	费率
AQR 国际多风格基金 (QICLX)	0.60
AQR TM 国际多风格基金（QIMLX）	0.60

新兴市场	
基金	费率
AQR 新兴市场多风格基金 (QEELX)	0.75
AQR TM 新兴市场多风格基金（QTELX）	0.75

规模 + 价值 + 动量 + 盈利能力 / 质量

美国国内	
基金	费率
AQR 小市值多风格基金 (QSMLX)	0.65
AQR TM 小市值多风格基金 (QSSLX)	0.65

价值 + 动量 + 质量 + 防御性（股票、债券、货币和大宗商品）

基金	费率
AQR 风格溢价基金 (QSPIX)	1.50
AQR 风格溢价替代 LV 基金 (QSLIX)	0.85

趋势追踪（股票、债券、货币和大宗商品）

基金	费率
AQR 期货管理基金 (AQMIX)	1.25
AQR 期货管理策略 HV 基金（QMHIX）	1.55

主动管理（Active Management）

试图发现被市场低估或高估的证券，或试图在市场上涨时加大投资，在市场滑坡时减少投资。

α（Alpha）

风险调整后业绩相对于基准的一种衡量方式。α 为正数表明跑赢基准，为负数表明跑输基准。α 为正数或负数可能是由于运气、管理技巧、成本或选择基准错误。

锚定（Anchoring）

一种认知偏见的形式。对于特定价值或属性，投资者给予不恰当程度的重视，随后将其作为参考点，并以此来评价随后数据的影响，以支持最初的观点。例如，某些投资者会倾向于坚持已亏损的投资，等待投资至少盈亏平衡。这时，他们就是将投资的现值锚定至曾经的价值。

异常（Anomaly）

根据有效市场假说（EMH），无法用风险考量来解释的证券回报率。

套利（Arbitrage）

一种交易过程。投资者尝试利用两种基本一样（或非常类似）的证券的价格差，以低价买入其中之一，以高价卖出另外之一（从而避免风险或是使风险最小化）。套利者的交易活动最终会消除价格差。

资产配置（Asset Allocation）

一种确定将多少比例的资产配置于某种资产类别的分配方式。也可以指代这种方式取得的最终结果。

资产类别（Asset Class）

风险和预期回报特征类似的资产。资产类别的例子包括现金、债务工具、房地产和股票。在主要资产类别，例如股票之中，还有更细分的类别，包括大市值和小市值公司股票，以及国内和国际股票。

基点（Basis Point）

1%的1%，即0.0001。

基准（Benchmark）

一种适当的标准，用于评判共同基金和其他投资工具的业绩。国内大市值成长型基金应当利用国内大市值成长型指数，例如标准普尔 500 成长型指数来评判。小市值基金管理者的评判标准应当是小市值指数，例如罗素 2000 指数。

β（Beta）

某一股票、共同基金或投资组合对于一种要素的敞口。

买卖价差（Bid-offer Spread）

买入价是卖方可以出售股票的价格，而卖出价是在买方买入股票时需支付的价格。价差就是这两种价格之间的差异，代表了在不考虑佣金的情况下，一次买入卖出交易的成本。

账面市值比（Book-to-Market Value，BTM）

每股账面价值与每股市值的比值，或账面价值除以市值。

账面价值（Book Value）

一种会计概念，反映了企业基于会计准则的价值。账面价值常常用每股价值来表达。每股账面价值等于账面价值除以股份总数。

认购期权（Call）

一种期权合同。持有者有权以预先确定的价格在预订日期（欧式认购期权）或一段特定时间内（美式认购期权）买入股票，但这并非义务。

资本资产定价模型（Capital Asset Pricing Model，CAPM）

第一种正式的资产定价模型。这种模型使用单一要素（市场 β）来描述风险和预期回报之间的关系，被用在有风险证券的定价之中。

大宗商品（Commodity）

一种实体物品（例如玉米、石油和黄金），其供应没有明显的质量差异。

确认偏见（Confirmation Bias）

一种寻找、表述、偏好或回忆信息的倾向，其目的是确认某人预先的观念或假设，同时没有对其他可能性给予适当考量。

信用违约掉期（Credit Default Swap，CDS）

一种金融掉期协议。（当债务人）在发生贷款违约事件或其他信用事件时，信用违约掉期的卖家将补偿买家（通常是标的贷款的债权人）。实际上，信用违约掉期卖家向买家提供了一种保险，应对标的贷款的违约。买家需要向卖家完成一系列支付（这就是信用违约掉期的"费用"或"展期"），同时在贷款违约的情况下获得回报。

证券价格研究中心（CRSP）

证券价格研究中心是芝加哥大学商学院的一个金融研究机构。CRSP 分档按照市值将美国股票分成 10 档，CRSP 1 是市值最高的一档，CRSP 10 是市值最低的一档。

货币风险（Currency Risk）

投资价值受汇率波动影响的风险。

数据挖掘（Data Mining）

一种试图从大量历史数据中识别模式，建立现实世界预测模型的技术。

违约（Default）

未能及时偿还本金或利息的行为。

处置效应（Disposition Effect）

一种倾向，即投资者急于抛售浮盈投资，从而锁定收益，同时持有浮亏投资过长时间，期望实现盈亏平衡。

问题型股票（Distressed Stocks）

这类股票有较高的账面市值比，或较低的股价利润比。另一种称谓是价值型股票。

分散投资（Diversification）

将资金分散至多种具有不同风险回报特征的投资目标，从而最小化投资组合风险。

久期（Duration）

相对于给定债券收益率的百分比发生变化，债券价格预期的百分比也会随之变化。较高的久期意味着，债券价格对于利率变化更敏感。

EAFE 指数（EAFE Index）

即欧澳远东指数，其中包含欧洲、澳洲和远东地区发达国家公司的股票。欧澳远东指数非常类似标准普尔 500 指数，其中的股票按照市值加权。

有效市场假说（Efficient Market Hypothesis，EMH）

这种理论认为，在任意时刻的流动性市场中，股票价格是全部可用信息的完整反映。有效市场假说认为，由于市场是有效的，当前价格反映了全部信息，因此试图跑赢市场只是一场概率的游戏，与参与者自身的能力无关。

新兴市场（Emerging Markets）

欠发达国家的资本市场，这些国家正开始表现出发达国家的特征，例如较高的人均收入。这类国家中的典型包括巴西、墨西哥、罗马尼亚、土耳其和泰国。

事件风险（Event Risk）

即预期之外事件（战争、政治危机、洪水或飓风）造成的风险，对股票价格造成负面影响。

交易所交易基金（Exchange Traded Funds，ETFs）

从实战角度来看，这些基金的行为方式类似于开放式、免佣金的共同基金。与共同基金类似，这种基金在创设后可以代表任何指数或资产类别。不过交易所交易基金并不是共同基金。实际上，这些新的投资工具介于公开上市股票及开放式、免佣金共同基金之间。与股票类似（但与共同基金不同），这些基金可以全天在股票交易所交易。

事前（Ex-ante）

在结果发生之前。

费率（Expense Ratio）

共同基金的运营费用，以总资产的百分比来表示。这些费用将从基金的投资业绩中扣除，以得出基金持有者的净回报。这其中包括经理人费用、管理成本以及某些情况下的营销成本。

事后（Ex-post）

在结果发生之后。

要素（Factor）

证券中广泛存在的一类数值特征或特征集。

国外税收抵免（Foreign Tax Credit，FTC）

一种税收抵免机制。当同一笔收入需要在两个国家纳税时，这种机制可以减少或避免两次纳税。

四要素模型（Four-factor Model）

关于分散股票投资组合表现的差异，最佳解释就是对 4 种要素的敞口不同：股市整体风险、公司规模（市值）、价值（账面市值比，即 BtM）以及动量。研究表明，平均来看，这 4 种要素可以解释分散投资的美国股票投资组合约 95％ 的回报率差异。

十足信用（Full Faith and Credit）

十足信用是一种保证，即所有课税能力和资源在必要情况下将不加限制地用于偿还债务。

热门股票（Glamour Stocks）

这些公司的股票账面市值比较低，或股价利润比较高。另一种称谓是成长型股票。

成长型股票（Growth Stocks）

这些公司的股票市盈率相对较高，或账面市值比相对较低。这与价值型股票相反，因为市场预计，这些公司的利润相对于市场整体将更快地增长。我们关注股票的利润比率，是因为学术研究表明投资者可以通过投资价值型股票获得回报。价值型股票被认为是风险相对较高的投资（与成长型股票相比），因此投资者会要求获得风险溢价。

对冲基金（Hedge Fund）

一种有能力投资多种资产类别的基金。这些基金往往利用杠杆来增加回报率。

高收益债券（High-yield Bond）

参见"垃圾债"。

混合式证券（Hybrid Security）

这种证券同时具备股票和固定收益的特征。混合式证券的例子包括可转债、优先股以及垃圾债。

指数基金（Index Fund）

一种被动管理型基金，目标是复制特定指数的表现，例如威尔逊 5000 指数、标准普尔 500 指数和罗素 2000 指数。通过按市值加权买入并持有指数成分股，这些基金可以复制指数的表现。这些基金也可以对指数进行采样。对于小市值和全市场指数基金来说，这是种常用的策略。此外，基金还可以使用指数期货或其他衍生工具。

首次公开招股（Initial Public Offering，IPO）

公司面向公众的首次招股。

投资级（Investment Grade）

一只债券的信用质量至少能维持其信贷服务。穆迪投资者服务的投资级评级为 Baa 级或更高。标准普尔为 BBB 级或更高。低于投资级的评级意味着投机性的信用质量。

垃圾债（Junk Bond）

评级低于投资级的债券，也被称作高收益率债券。

峰度（Kurtosis）

相对于正常（钟型）分布的极端值，即远大于或远小于平均水平的值，会更频繁地发生（高峰度）或更少地发生（低峰度）。高峰度会导致"肥尾"，低峰度会导致"瘦尾"。

大市值（Large–cap）

大市值股票即规模大于其他公司的股票，这里的规模通过市值来衡量。关于"大市值"的具体定义，不同来源有所不同。例如，一名投资专家可能会将大市值定义为市值大于 20 亿美元，而另一名专家可能认为应当大于 50 亿美元。

杠杆（Leverage）

利用债务去增加可获得的资产总量（例如买入股票）。杠杆会导致投资组合的风险上升，以及预期回报的增加。

流动性（Liquidity）

衡量市场上证券交易难易度的一种指标。

管理费（Management Fees）

某个投资组合在管理过程中收取的总费用。

市场 β（Market Beta）

股票、共同基金或投资组合的回报率相对于股票市场整体回报率的敏感程度。由于这是 β 的最初形式，因此有些人也将市场 β 简称为"β"。

市值（Market Cap/Market Capitalization）

对于个股，市值等于流通普通股总数乘以当前每股价格。例如，如果一家公司的流通股为 1 亿股，当前股价为 30 美元，那么市值就是 30 亿美元。

到期日（Maturity）

债券发行者承诺归还本金的日期。

微型市值（Micro-cap）

在 CRSP 分档中归入第 9 和第 10 档的市值最小的股票。其他可能用到的定义包括市值排名最后 5% 的股票，以及市值低于 2 亿美元的股票。

当代投资组合理论（Modern Portfolio Theory，MPT）

大量学术研究发现了 4 种概念。首先，市场非常有效，以至于超过市场总体水平的预期回报不可能通过交易系统持续地实现。因此，主动管理将适得其反。第二，在可持续的周期中，可以期待资产类别实现与其风险水平相称的回报率。风险更高的资产类别，例如小公司和价值型公司，将带来更高的回报，这是对高风险的补偿。第三，在多种资产类别之间的分散投资可以增加回报率，降低风险。对任何给定的风险水平，都可以通过投资组合的构建来获得最高的预期回报。第四，对于不同投资者，并不存在单一正确的投资组合。不同投资者必须根据自身的特定情况去选择资产配置，构建风险水平可接受的投资组合。

单调（Monotonic）

变化方式要么永远不会上升，要么永远不会下降。

MSCI 欧澳远东指数（MSCI EAFE Index）

参考"EAFE 指数"。

纳斯达克（Nasdaq）

全美证券交易商协会自动报价系统的简称。这是一个计算机化的市场，用于股票交易，常常被称作"场外市场"。

回报率的负相关关系（Negative Correlation of Returns）

当某种资产出现高于平均值的回报率时，存在负相关关系的另一种资产会表现出低于平均水平的回报率。

纽约股票交易所（NYSE）

纽约股票交易所诞生于 1792 年，是全球领先的股票市场。该市场中存在广泛的参与者，包括上市公司、个人投资者、机构投资者以及成员公司。

被动资产类别基金（Passive Asset Class Funds）

这样的共同基金在特定的国内和国际资产类别中买入并持有普通股。每次的股票买入量与该股票在所属资产类别中的市值权重一致，每只股票的持有时间会持续至该股票不再符合资产类别的定义和规则。被动资产类别基金提供了被动管理策略的配置工具。

市盈率（P/E Ratio）

股价与每股收益的比率。高市盈率股票被认为是成长型股票，低市盈率股票被认为是价值型股票。

谨慎投资规则（Prudent Investor Rule）

美国法律中的一条规则，要求负责管理他人资产的经纪人必须采取适合受益人财务状况和风险承受能力的管理方式。

认沽期权（Put）

一种期权合同。持有者有权以预定价格在特定日期（欧式认沽权证）或一段特定时期内（美式认沽权证）出售股票。

再平衡（Rebalancing）

将投资组合恢复至原始资产配置方式的过程。再平衡的具体做法可以是增加新的可投资资金，或出售某些表现最好的资产类别，用所获得的收益去买入表现不佳的资产类别。

房地产投资信托（Real Estate Investment Trust，REIT）

持有房地产，或为房地产提供资金的公司。房地产是一种单独的资产类别。房地产投资信托有其自身的风险和回报特征，回报率与其他股票和固定收益资产类别的相关性相对较低。投资者可以像买入其他证券一样买入房地产投资信托的份额，也可投资主动管理型或被动管理型的房地产投资信托共同基金。

风险溢价（Risk Premium）

在接受特定类型、不可分散的风险时获得的较高预期回报（但不是有保障的回报）。

可决系数（R-squared）

一种统计数值，表征基金或股票的价格波动在多大程度上可以由基准指数或一系列要素的波动来解释。

罗素 2000 指数（Russell 2000 Index）

由市值最高的 3000 家美国上市公司中较小的 2000 家组成，是小市值股票的常用指数。

美国证券交易委员会（Securities and Exchange Commission，SEC）

由美国国会设立的政府机构，用以监管证券市场，保护投资者。美国证券交易委员会对于证券公司、投资顾问、共同基金以及面向公众售股或发债的公司有司法管辖权。

夏普比率（Sharpe Ratio）

回报率高于无风险资产（通常为一个月美国国债）的部分相对于所承担风险（风险的衡量方式为回报率的标准差）的一种衡量指标。例如，某种资产的平均回报率为 10%，一个月美国国债的平均回报率为 4%，回报率标准差为 20%，那么夏普比率为 10% 减去 4%（得到 6%），随后除以 20%，即 0.3。

做空头寸（Short Interest）

投资者卖空但尚未回补的股份数量。

卖空（Short Selling）

为了立即卖出而借入证券的行为。投资者这样做的目的是为了稍后以更低的价格买回股份，将其归还给出借方，从而获得利润。

偏态（Skewness）

对于统计分布不对称性的一种衡量方式。相对于平均值右侧（大于平均值），平均值左侧（小于平均值）的统计值较少，距离平均值较远时，就会出现负偏态。例如，一系列回报率数据 −30%、5%、10% 和 15%，平均值为 0。只有 1 个回报率值小于 0，而 3 个回报率值大于 0。然而，负值与 0 的差距更大。正偏态与此相反。相对于平均值左侧（小于平均值），平均值右侧（大于平均值）的统计值较少，距离平均值较远。

小市值（Small-cap）

小市值股票被认为是规模相对小于其他公司的股票，其衡量方式是市值。

对于"小市值"的具体定义因不同来源而不同。例如，一名投资专家的定义可能是市值小于 20 亿美元，而另一名专家的定义可能是小于 50 亿美元。我们关注股票市值的原因在于，学术证据表明，投资者在投资小市值股票时期望获得额外回报。相对于大市值公司，这些公司被认为是风险更高的投资，因此投资者要求获得风险溢价。

利差（Spread）

交易者愿意买入债券的价格和愿意卖出债券的价格之间的差异。

标准普尔 500 指数（S&P 500 Index）

对美国最大的 500 只股票按市值加权处理后的指数，其设计目标是覆盖广泛的、具有代表性的各行业样本公司。

标准差（Standard Deviation）

对波动性或风险的一种衡量方式。标准差越大，股票或投资组合的波动性就越大。标准差可以有不同的计算周期，例如按月、按季度或按年。

风格漂移（Style Drift）

即投资组合偏离最初的资产配置。这可能是由于基金买入了自身专注的特定资产类别以外的股票，或是未能及时根据投资组合中不同资产类别表现的明显差异做出调整。

系统性风险（Systematic Risk）

无法分散的风险。对于承担系统性风险的投资者，市场必须给予额外回报，否则投资者就不会承担这样的风险。这种回报将以风险溢价的形式出现，即相对于投资低风险工具,投资者投资这类工具时可以获得更高的预期回报。

三要素模型（Three-factor Model）

分散股票投资组合的表现差异可以通过 3 种要素得到最好的解释：对整体股市风险的敞口、公司规模（市值）和价值（账面市值比，即 BtM）。研究显示，平均来看这 3 种要素可以解释 90％以上的美国股票分散投资组合的回报率差异。

追踪误差（Tracking Error）

基金的表现与相关指数或基准之间的差异。总的来说，关于投资组合，追踪误差指的是投资组合的表现与广泛认可的基准——例如标准普尔 500 指数或威尔逊 5000 指数之间的差异。

短期美国国债（Treasury Bills）

即到期时间不到 1 年的美国国债。债券的发行价格相对于票面价格存在折扣。利息支付方式是价格逐渐上升至票面价格，直到债券到期。

长期美国国债（Treasury Bonds）

即到期时间长于 10 年的美国国债。

中期美国国债（Treasury Note）

即到期时间为 1 到 10 年的美国国债。

t 统计量（T-stat）

衡量统计学意义的一种指标。一般认为，如果 t 统计量大于 2.0，那么结果就不是随机噪声。更高的 t 统计量代表更高的信心水平。

周转（Turnover）

基金的交易活动，即出售证券，代之以新的证券。

无抛补利率平价（Uncovered Interest Parity，UIP）

这种理论认为，对于以两种不同货币计价的可比金融资产，预期回报率应当是相同的。利率的差异将会被货币的升值和贬值所抵消，导致投资者的回报率在不同市场之间保持一致。然而，经验证据并不支持这种理论，这就导致了无抛补利率平价之谜。

价值型股票（Value Stocks）

市盈率相对较低或账面市值比相对较高的股票。与成长型股票相反。市场预计，这类公司的利润增长相对于市场整体较慢。相对于成长型股票，价值型股票被认为是风险更高的投资。因此，投资者会要求获得风险溢价。

波动性（Volatility）

金融工具在特定时间范围内价值变动的标准差。常被用于量化金融工具在该时间段内的风险。波动性通常用年化值来表达。

权重（Weight）

某个股票或资产类别在投资组合中的价值占比。

[1]　我们在本书中报告的 MSCI 指数回报率是毛回报率。净回报率还需要在此基础上扣减国际纳税对股息的影响。我们使用毛回报率主要是因为通常这种指标的使用历史更长。此外，毛回报率的要求更高。如果一只基金的毛回报率较好，那么净回报率的情况会更好。例如在这段时期，MSCI 新兴市场价值指数的净回报率为 7.0%。

[2]　这几段内容或许会促使读者尝试选择特定时机操作价值型股票，例如在经济下行时抛售价值型股票。我们需要对此提出强烈警示。这样做不仅会导致交易成本和纳税额的上升，出于多方面原因，尝试挑选交易时机还会带来更多问题，具体原因不在这里赘述。如果希望了解更多，那么可以参考哈佛大学教授约翰·肯尼斯·加尔布拉斯的论文《经济预测的唯一功能就是让占星学看起来更值得尊重》。

[3]　t 统计量是衡量统计学意义的指标。如果 t 统计量大于 2，那么就可以认为结果有统计学意义，而不是随机噪声。更高的 t 统计量表明更强的信心水平。

[4]　阿斯尼斯的课题顾问是尤金·法玛。我们此前讨论过法玛–弗兰奇三要素模型。

[5]　卖方分析师供职于券商或是管理着特定账户、向客户做出推荐的公司。卖方分析师的

推荐通常包括"强力买入""跑赢大盘""中性"和"卖出"等。

［6］ 约翰·阿尔伯格和迈克尔·塞克勒 2014 年的论文质疑了其中某些结论。例如，巴菲特会关注多种价值指标，而不仅仅是账面市值比。他会回避杠杆，而他的公司直到成立很久之后才开展保险业务。这些说法是正确的。我们坚定地相信，其他价值指标，例如股价利润比或股价现金流比也可以产生同样的效果。不过，无论具体定义是什么，巴菲特都运用了这些特定的要素。

［7］ 我们没有确切的方法去估计未来溢价会是多少，而相关的讨论篇幅都很长，并且不是本书的主题。不过我们需要提醒投资者，不要根据最近的回报率去推断溢价。正如我们在前几章中多次提到的，没有要素能永远适用。在某些环境下，某些要素的表现可能会很疲弱。基于近期表现去推断未来的回报率可能会导致在溢价即将反弹之前，投资者放弃对应要素。为了高效地把握这些溢价，投资者必须长期坚持某个要素。

［8］ 这里绘制的所有图表都利用了肯·弗兰奇数据库中的回报率信息。

［9］ 尽管风险平价通常被用于对不同类别资产，例如股票和债券的配置，但也适用于按不同要素的配置。

［10］ 罗素 2000 指数的构造流程透明度更高。对作为基准的指数来说，这是非常有用的特征，但并不一定意味着这样的指数就适合投资。实际上，无论是从指数包括的资产，还是以该指数作基准的资产来看，罗素 2000 指数都是最流行的小市值指数。因此，罗素 2000 指数成为了超前交易的主要目标，降低了指数的回报率。如果其他小市值指数变得更流行，那么也将遭遇类似命运。这也可以解释，为何我们认为，对建立任何类型的 β 敞口来说，不严格遵循某种基准是一种更聪明的方式。

［11］ 在历史上，股价下跌通常要略低于股息额。这种现象可能是由纳税问题引起的。

［12］ 无论换手率如何，利用期货去配置的策略在美国联邦层面适用于混合税率，其中长期收益税率为 60%，短期收益税率为 40%。尽管纳税额仍然很高，但与短期资本收益的税率相比，期货配置是一种很好的着手方式。

［13］ 由于安德鲁·贝尔金在共同基金公司的地位，为了避免可能的利益冲突，他没有参与这章附录中基金的选择。这里的建议是白金汉投资策略委员会的观点。

参考文献 | YOUR COMPLETE GUIDE TO FACTOR-BASED INVESTING

1. Alberg, John and Michael Seckler, "Misunderstanding Buffett," Advisor Perspectives, August 12, 2014. Available at http://www.advisorperspectives.com/articles/2014/08/12/misunderstanding-buffett.

2. Anderson, Keith and Tomasz Zastawniak, "Glamour, Value and Anchoring on the Changing P/E," European Journal of Finance, February 2016, 1–32.

3. AQR Capital Management, "Volatility Targeting," December 2012.

4. Asness, Clifford, "Momentum in Japan: The Exception That Proves the Rule," Journal of Portfolio Management, Summer 2011, 37(4): 67–75.

5. Asness, Clifford S., "The Interaction of Value and Momentum Strategies," Financial Analysts Journal, March/April 1997, 53(2).

6. Asness, Clifford S., Andrea Frazzini, Ronen Israel, and Tobias J.

Moskowitz, "Fact, Fiction and Momentum Investing," Journal of Portfolio Management, Fall 2014, 40(5): 75–92.

7. Asness, Clifford S., Andrea Frazzini, Ronen Israel, Tobias J. Moskowitz, and Lasse Heje Pedersen, "Size Matters, If You Control Your Junk," Fama-Miller Working Paper, January 2015. Available at http://papers.ssrn.com/sol3/papers. cfm?abstract_id=2553889.

8. Asness, Clifford S., Robert Krail, and John Liew, "Do Hedge Funds Hedge?" Journal of Portfolio Management, Fall 2001, 28(1): 6–19.

9. Asness, Clifford S., Tobias Moskowitz, and Lasse Pedersen, "Value and Momentum Everywhere," Journal of Finance, June 2013, 68(3): 929–985.

10. Asvanunt, Attakrit and Scott Richardson, "The Credit Risk Premium," June 2016. Available at http://papers.ssrn.com/sol3/papers.cfm?abstract_id=2563482.

11. Atanasov, Victoria and Thomas Nitschka, "Foreign Currency Returns and Systematic Risks," Journal of Financial and Quantitative Analysis, April 2015, 50(1–2), 231–250.

12. Bai, Jennie, Pierre Collin-Dufresne, Robert S. Goldstein, and Jean Helwege, "On Bounding Credit-Event Risk Premia," Review of Financial Studies, March 2015, 28(9): 2608–2042.

13. Baker, Malcolm, Brendan Bradley, and Jeffrey Wurgler, "Benchmarks as Limits to Arbitrage: Understanding the Low-Volatility Anomaly," Financial Analysts Journal, January/February 2011, 67(1): 40–54.

14. Baker, Nardin L. and Robert A. Haugen, "Low Risk Stocks Outperform

within All Observable Markets of the World," April 2012. Available at http://papers. ssrn.com/sol3/papers.cfm?abstract_id=2055431.

15. Ball, Ray, Joseph Gerakos, Juhani Linnainmaa, and Valeri Nikolaev, University of Chicago working paper "Accruals, Cash Flows, and Operating Profitability in the Cross-Section of Stock Returns," Journal of Financial Economics, July 2016, 121(1): 28–45.

16. Baltas, Akindynos-Nikolaos and Robert Kosowski, "Momentum Strategies in Futures Markets and Trend-Following Funds," January 2013. Available at http:// papers.ssrn.com/sol3/papers.cfm?abstract_id=1968996.

17. Baltzer, Markus, Stephan Jank, and Esad Smajlbegovic, "Who Trades on Momentum?" Bundesbank Discussion Paper, January 2015. Available at http:// papers.ssrn.com/sol3/papers.cfm?abstract_id=2517462.

18. Bansal, Naresh, Robert A. Connolly, and Chris Stivers, "Equity Volatility as a Determinant of Future Term-Structure Volatility," Journal of Financial Markets, September 2015, 25: 33–51.

19. Banz, Rolf W., "The Relationship Between Return and Market Value of Common Stocks," Journal of Financial Economics, March 1981, 9(1): 3–18.

20. Barberis, Nicholas and Ming Huang, "Mental Accounting, Loss Aversion, and Individual Stock Returns," Journal of Finance, August 2001, 56: 1247–1292.

21. Barberis, Nicholas and Ming Huang, "Stocks as Lotteries: The Implications of Probability Weighting for Security Prices," American Economic Review, December 2008, 98(5): 2066–2100.

22. Barroso, Pedro and Pedro Santa-Clara, "Momentum Has Its Moments,"

Journal of Financial Economics, April 2015, 116(1): 111–120.

23. Basu, Sanjoy, "The Relationship Between Earnings' Yield, Market Value and Return for NYSE Common Stocks: Further Evidence," Journal of Financial Economics, June 1983, 12(1): 129–156.

24. Berkshire Hathaway Annual Shareholders letter, 2012. Available at http://www.berkshirehathaway.com/letters/2012ltr.pdf.

25. Bhansali, Vineer, Joshua Mark Davis, Matt Dorsten, and Graham Rennison, "Carry and Trend in Lots of Places," Journal of Portfolio Management, Summer 2015, 41(4): 82–90.

26. Black, Angela J., Bin Mao, and David G. McMillan, "The Value Premium and Economic Activity: Long-run Evidence from the United States," Journal of Asset Management, December 2009, (10)5: 305–317.

27. Black, Stanley and Philipp Meyer-Brauns, "Dimensions of Equity Returns in Europe," Dimensional Fund Advisors, November 2015. Available at https://my.dimensional.com/csmedia/cms/papers_library/2015/11/dimensio/Dimensions_of_Equity_Returns_in_Europe.pdf.

28. Blitz, David, Eric Falkenstein, and Pim van Vliet, "Explanations for the Volatility Effect: An Overview Based on the CAPM Assumptions," Journal of Portfolio Management, Spring 2014, 40(3): 61–76.

29. Blitz, David, Juan Pang, and Pim van Vliet, "The Volatility Effect in Emerging Markets," Emerging Markets Review, September 2013, 16: 31–45.

30. Blitz, David, Bart van der Grient, and Pim van Vliet, "Interest Rate Risk in Low-Volatility Strategies," June 2014. Available at http://www.robeco.com/

images/interest-rate-risk-in-low-volatility-strategies-june% 202014.pdf.

31. Blitz, David C. and Pim van Vliet, "The Volatility Effect: Lower Risk without Lower Return," Journal of Portfolio Management, Fall 2007, 34(1): 102–113.

32. Bouchaud, Jean-Philippe, Stefano Ciliberti, Augustin Landier, Guillaume Simon, and David Thesmar, "The Excess Returns of 'Quality' Stocks: A Behavioral Anomaly," Journal of Investment Strategies, June 2016, 5(3): 51–61.

33. Boudoukh, Jacob, Roni Michaely, Matthew Richardson, and Michael R. Roberts, "On the Importance of Measuring Payout Yield: Implications for Empirical Asset Pricing," Journal of Finance, April 2007, 62(2): 877–915.

34. The Brandes Institute, "Value vs. Glamour: A Long-Term Worldwide Perspective." Available at https://www.brandes.com/docs/default-source/brandes-institute/value-vs-glamour-worldwide-perspective.

35. Calluzzo, Paul, Fabio Moneta, and Selim Topaloglu, "Anomalies Are Publicized Broadly, Institutions Trade Accordingly, and Returns Decay Correspondingly," December 2015. Available at http://papers.ssrn.com/sol3/papers.cfm?abstract_id=2660413.

36. Carhart, Mark M., "On Persistence in Mutual Fund Performance," Journal of Finance, March 1997, 52(1): 57–82.

37. de Carvalho, Raul Leote, Patrick Dugnolle, Lu Xiao, and Pierre Moulin, "Low-Risk Anomalies in Global Fixed Income: Evidence from Major Broad Markets," Journal of Fixed Income, Spring 2014, 23(4); 51–70.

38. Chaves, Denis B., "Idiosyncratic Momentum: U.S. and International

Evidence," Journal of Investing, Summer 2016, 25(2): 64–76.

39. Cheng, Nai-fu and Feng Zhang, "Risk and Return of Value Stocks," Journal of Business, October 1998, 71(4): 501–535.

40. Chordia, Tarun, Avanidhar Subrahmanyam, and Qing Tong, "Have Capital Market Anomalies Attenuated in the Recent Era of High Liquidity and Trading Activity," Journal of Accounting and Economics, June 2014, 58(1): 41–58.

41. Chow, Tzee-man, Jason C. Hsu, Li-lan Kuo, and Feifei Li, "A Study of Low Volatility Portfolio Construction Methods," Journal of Portfolio Management, Summer 2014, 40(4): 89–105.

42. Christiansen, Charlotte, Angelo Ranaldo, and Paul Söderlind, "The Time-Varying Systematic Risk of Carry Trade Strategies," Journal of Financial and Quantitative Analysis, August 2011, 46(4): 1107–1125.

43. Chu, Yongqiang, David A. Hirshleifer, and Liang Ma, "The Causal Effect of Limits to Arbitrage on Asset Pricing Anomalies," July 2016. Available at http://papers.ssrn.com/sol3/papers.cfm?abstract_id=2696672.

44. Clare, Andrew, James Seaton, Peter N. Smith, and Stephen Thomas, "Carry and Trend Following Returns in the Foreign Exchange Market," May 2015. Available at https://editorialexpress.com/cgi-bin/conference/download.cgi?db_name=MMF2015&paper_id=148.

45. Clarke, Roger G., Harindra de Silva, and Steven Thorley, "Fundamentals of Efficient Factor Investing," July 2016. Available at http://papers.ssrn.com/sol3/papers.cfm?abstract_id=2616071.

46. Da, Zhi, Umit G. Gurun, and Mitch Warachka, "Frog in the Pan:

Continuous Information and Momentum," Review of Financial Studies, July 2014, 27(7): 2171–2218.

47. Dimson, Elroy, Paul Marsh, and Mike Staunton, "Equity Premiums Around the World," October 2011. Available at https://www.cfainstitute.org/learning/products/publications/rf/Pages/rf.v2011.n4.5.aspx.

48. D'Souza, Ian, Voraphat Srichanachaichok, George Jiaguo Wang, and Chelsea Yaqiong Yao, "The Enduring Effect of Time-Series Momentum on Stock Returns over Nearly 100 Years," January 2016. Available at http://papers.ssrn.com/sol3/papers.cfm?abstract_id=2720600.

49. Elgammal, Mohammed and David G. McMillan, "Value Premium and Default Risk," Journal of Asset Management, February 2014, 15(1): 48–61.

50. Elton, Edwin J., Martin J. Gruber, Deepak Agrawal, and Christopher Mann, "Explaining the Rate Spread on Corporate Bonds," Journal of Finance, February 2001, 56(1): 247–277.

51. Fama, Eugene F. and Kenneth R. French, "The Cross-Section of Expected Stock Returns," Journal of Finance, June 1992, 4(2): 427–465.

52. Fama, Eugene F. and Kenneth R. French, "Incremental Variables and the Investment Opportunity Set," Journal of Financial Economics, April 2015, 117(3): 470–488.

53. Fama, Eugene F. and Kenneth R. French "Profitability, Investment, and Average Returns," Journal of Financial Economics, December 2006, 82(3): 491–518.

54. Fama, Eugene F. and Kenneth R. French, "Size, Value, and Momentum

in International Stock Returns," Journal of Financial Economics, September 2012, 105(3): 457–472.

55. Frazzini, Andrea and Lasse Heje Pedersen, "Betting Against Beta," Journal of Financial Economics, January 2014, 111(1): 1–25.

56. Frazzini, Andrea, Ronen Israel, and Tobias J. Moskowitz, "Trading Costs of Asset Pricing Anomalies," Fama-Miller Working Paper, Chicago Booth Research Paper No. 14-05, December 2012. Available at http://ssrn.com/abstract=2294498.

57. Fridson, Martin S., "Do High-Yield Bonds Have an Equity Component?" Financial Management, Summer 1994, 23(2): 82–84.

58. Geczy, Christopher C. and Mikhail Samonov, "215 Years of Global Multi-Asset Momentum: 1800-2014 (Equities, Sectors, Currencies, Bonds, Commodities and Stocks)," May 2015. Available at http://papers.ssrn.com/sol3/papers.cfm?abstract_id=2607730.

59. Gordon, Masha, "The Profitability Premium in EM Markets," December 2013. Available at http://media.pimco.com/Documents/PIMCO_In_Depth_EM_Profitability_Dec2013.pdf.

60. Goyal, Amit and Ivo Welch, "Predicting the Equity Premium with Dividend Ratios," Management Science, May 2003, 49(5): 639–654.

61. Gray, Wesley R. and Jack Vogel, "Enhancing the Investment Performance of Yield-Based Strategies," Journal of Investing, Summer 2014, 23(2): 44–50.

62. Grobys, Klaus and Jari-Pekka Heinonen, "Is There a Credit Risk Anomaly in FX Markets?" Financial Research Letters, May 2016.

63. Grullon, Gustavo and Roni Michaely, "Dividends, Share Repurchases, and

the Substitution Hypothesis," Journal of Finance, August 2002, 57(4): 1649–1684.

64. Harvey, Campbell R., Yan Liu, and Heqing Zhu, "…and the Cross-Section of Expected Returns," February 2015. Available at http://papers.ssrn.com/sol3/papers.cfm?abstract_id=2249314.

65. Hjalmarsson, Erik, "Portfolio Diversification Across Characteristics," Journal of Investing, Winter 2011, 20(4): 84–88.

66. Hou, Kewei, Chen Xue, and Lu Zhang, "Digesting Anomalies: An Investment Approach," Review of Financial Studies, March 2015, 28(3): 650–705.

67. Hurst, Brian K., Yao Hua Ooi, Lasse H. Pedersen, "A Century of Evidence on Trend-Following Investing," September 2014. Available at https://www.aqr.com/library/aqr-publications/a-century-of-evidence-on-trend-following-investing.

68. Hutchinson, Mark C. and John O'Brien, "Is This Time Different? Trend Following and Financial Crises," Journal of Alternative Investments, Fall 2014, 17(2): 82–102.

69. Ilmanen, Antti and Jared Kizer, "The Death of Diversification Has Been Greatly Exaggerated," Journal of Portfolio Management, Spring 2012, 38(3): 15–27.

70. Israel, Ronen and Tobias J. Moskowitz, "The Role of Shorting, Firm Size, and Time on Market Anomalies," Journal of Financial Economics, May 2013, 108(2): 275–301.

71. Jacobs, Heiko and Sebastian Müller, "Anomalies Across the Globe: Once Public, No Longer Existent?" July 2016. Available at http://papers.ssrn.com/sol3/papers.cfm?abstract_id=2816490.

72. Jegadeesh, Narasimhan and Sheridan Titman, "Returns to Buying Winners and Selling Losers: Implications for Stock Market Efficiency," Journal of Finance, March 1993, 48(1): 65–91.

73. Jensen, Gerald R. and Jeffrey M. Mercer, "Monetary Policy and the Cross-Section of Expected Returns," Journal of Financial Research, Spring 2002, 25(1): 125–139.

74. Jiang, Hao and Zheng Sun, "Equity Duration: A Puzzle on High Dividend Stocks," October 2015. Available at http://papers.ssrn.com/sol3/papers.cfm?abstract_id=2678958.

75. Jordan, Bradford D. and Timothy B. Riley, "The Long and Short of the Vol Anomaly," April 2016. Available at http://papers.ssrn.com/sol3/papers.cfm?abstract_id=2442902.

76. Kim, Moon K. and David A. Burnie, "The Firm Size Effect and the Economic Cycle," Journal of Financial Research, Spring 2002, 25(1): 111–124.

77. Koijen, Ralph S. J., Tobias J. Moskowitz, Lasse Heje Pedersen, and Evert B. Vrugt, "Carry," Fama-Miller Working Paper, August 2015. Available at http://papers.ssrn.com/sol3/papers.cfm?abstract_id=2298565.

78. Kozlov, Max and Antti Petajisto, "Global Return Premiums on Earnings Quality, Value, and Size," January 2013. Available at http://papers.ssrn.com/sol3/papers.cfm?abstract_id=2179247.

79. Lakonishok, Josef, Andrei Shleifer, and Robert W. Vishny, "Contrarian Investment, Extrapolation, and Risk," Journal of Finance, December 1994, 49(5): 1541–1578.

80. Lam, F.Y. Eric C., Shujing Wang, and K.C. John Wei, "The Profitability Premium: Macroeconomic Risks or Expectation Errors?" March 2016. Available at http://papers.ssrn.com/sol3/papers.cfm?abstract_id=2479232.

81. Lettau, Martin, Matteo Maggiori, and Michael Weber, "Conditional Risk Premia in Currency Markets and Other Asset Classes," Journal of Financial Economics, November 2014, 114(2): 197–225.

82. Lev, Baruch and Theodore Sougiannis, "Penetrating the Book-to-Market Black Box," Journal of Business Finance and Accounting, April/May 1999, 26(3-4): 419–449.

83. Levi, Yaron and Ivo Welch, "Long-Term Capital Budgeting," March 2014. Available at http://papers.ssrn.com/sol3/papers.cfm?abstract_id=2327807.

84. Li, Xi, Rodney N. Sullivan, and Luis Garcia-Feijóo, "The Limits to Arbitrage and the Low-Volatility Anomaly," Financial Analysts Journal, January/February 2014, 70(1): 52–63.

85. Liu, Ryan, "Profitability Premium: Risk or Mispricing?" November 2015. Available at http://faculty.haas.berkeley.edu/rliu/Job % 20Market % 20Paper % 20Ryan % 20Liu.pdf.

86. Lustig, Hanno, Nikolai Roussanov, and Adrien Verdelhan, "Common Risk Factors in Currency Markets," Review of Financial Studies, November 2011, 24(11): 3731–3777.

87. McLean, R. David and Jeffrey Pontiff, "Does Academic Research Destroy Stock Return Predictability," Journal of Finance, January 2016, 71(1): 5–32.

88. Menkhoff, Lukas, Lucio Sarno, Maik Schmeling, and Andreas Schrimpf,

"Carry Trades and Global Foreign Exchange Volatility," Journal of Finance, August 2012, 67(2): 681–718.

89. Miller, Merton H. and Franco Modigliani, "Dividend Policy, Growth, and the Valuation of Shares," Journal of Business, October 1961, 34(4): 411–433.

90. Moskowitz, Tobias J., "Asset Pricing and Sports Betting," July 2015. Available at http://papers.ssrn.com/sol3/papers.cfm?abstract_id=2635517.

91. Moskowitz, Tobias J., "Explanations for the Momentum Premium," AQR Capital Management White Paper, 2010.

92. Novy-Marx, Robert, "The Other Side of Value: The Gross Profitability Premium," Journal of Financial Economics, April 2013, 108(1): 1–28.

93. Novy-Marx, Robert, "Understanding Defensive Equity," March 2016. Available at http://rnm.simon.rochester.edu/research/UDE.pdf.

94. Novy-Marx, Robert and Mihail Velikov, "A Taxonomy of Anomalies and Their Trading Costs," Review of Financial Studies, 2016, 29(1): 104–147.

95. Pedersen, Niels, Sébastien Page, and Fei He, "Asset Allocation: Risk Models for Alternative Investments," Financial Analysts Journal, May/June 2014, 70(3): 34–45.

96. Peterkort, Robert F. and James F. Nielsen, "Is the Book-to-Market Ratio a Measure of Risk?" Journal of Financial Research, Winter 2005, 28(4): 487–502.

97. Petkova, Ralitsa, "Do the Fama-French Factors Proxy for Innovations in Predictive Variables?" Journal of Finance, April 2006, 61(2): 581–612.

98. Piotroski, Joseph D. and Eric C. So, "Identifying Expectation Errors in Value/Glamour Strategies: A Fundamental Analysis Approach," Review of Financial Studies, September 2012, 25(9): 2841–2875.

99. Rosenberg, Barr, Kenneth Reid, and Ronald Lanstein, "Persuasive Evidence of Market Inefficiency," Journal of Portfolio Management, Spring 1985, 11(3): 9–16.

100. Sarno, Lucio, Paul Schneider, and Christian Wagner, "Properties of Foreign Exchange Risk Premiums," Journal of Financial Economics, August 2012, 105(2): 279–310.

101. Shah, Ronnie R., "Understanding Low Volatility Strategies: Minimum Variance," Dimensional Fund Advisors, August 2011. Available at https://my.dimensional.com/csmedia/cms/papers_library/2011/08/understa/Minimum_Variance.pdf.

102. Shefrin, Hersh M. and Meir Statman, "Explaining Investor Preference for Cash Dividends," Journal of Financial Economics, June 1984, 13(2): 253–282.

103. van Vliet, Pim, "Enhancing a Low-Volatility Strategy is Particularly Helpful When Generic Low Volatility is Expensive," January 2012. Available at https://www.robeco.com/en/professionals/insights/quantitative-investing/low-volatility-investing/enhancing-a-low-volatility-strategy-is-particularly-helpful-when-generic-lowvolatility-is-expensive.jsp.

104. Wang, Huijun and Jianfeng Yu, "Dissecting the Profitability Premium," December 2013. Available at http://papers.ssrn.com/sol3/papers.cfm?abstract_id=1711856.

105. Yogo, Motohiro, "A Consumption-Based Explanation of Expected Returns," Journal of Finance, April 2006, 61(2): 539–580.

106. Zhang, Lu, "The Value Premium," Journal of Finance, February 2005, 60(1): 67–103.